I

MÉMOIRES

SUR LA VIE

DE NICOLAS POUSSIN.

DE L'IMPRIMERIE DE CRAPELET.

Litho. de C. Motte, rue des mar...

MÉMOIRES

SUR LA VIE

DE NICOLAS POUSSIN,

PAR MARIA GRAHAM,

AUTEUR D'UN VOYAGE AUX INDES, etc. etc.

TRADUIT DE L'ANGLAIS.

A PARIS,

CHEZ PIERRE DUFART, LIBRAIRE,

QUAI VOLTAIRE, N° 19.

1821.

PRÉFACE

DU TRADUCTEUR.

———

Quoiqu'il existe plusieurs ouvrages sur la vie des peintres, et en particulier une Vie du Poussin, nous avons espéré qu'on nous pardonnerait de faire connaître en français la présente Notice. Madame Graham est auteur de quelques écrits fort piquans sur l'Inde et l'Italie, pays qu'elle a parcourus et bien observés ; les observations fines et spirituelles de l'auteur, son style simple et naturel, et la bonne foi de ses récits, lui ont acquis un succès mérité.

C'est dans un séjour de près de deux ans à Rome qu'elle a recueilli les matériaux de la Vie du Poussin ; entourée des ouvrages des grands maîtres, son âme élevée s'est nourrie de ces chefs-d'œuvre. Peintre elle-même, elle était digne d'écrire sur cet art. Nous en appellerons du jugement sévère qu'elle porte sur l'École française ; nous contesterons quelques unes de ses idées sur

l'état de la peinture en Angleterre ; idées
que l'on pourrait mettre au rang des préjugés nationaux ; mais nous aurons de la
reconnaissance pour une femme aimable
qui a fait connaître à l'Angleterre la vie
d'un homme à qui la France se glorifie
d'avoir donné le jour.

Le soin qu'elle a pris de mettre souvent
en scène le Poussin par ses lettres, est,
selon nous, la manière la plus agréable
de faire connaître un personnage célèbre ;
l'introduction de deux dialogues de Fénelon
ne saurait déplaire à des lecteurs français ;
et le Catalogue des ouvrages du Poussin sera précieux pour les amateurs qui
possèdent des collections de tableaux, ou
qui désireraient en former.

Nous n'ajouterons qu'une seule réflexion :
madame Graham répète sans cesse que les
beaux-arts sont les compagnons fidèles de
la liberté et de l'indépendance ; elle fait voir
aux artistes jusqu'où ils peuvent s'élever,
lorsqu'ils savent repousser la servilité et le
patronage des grands. Ce sont des idées
nobles et généreuses ; elles ne sauraient être

trop reproduites dans un temps où bien des gens repoussent les bienfaits de la liberté, et regrettent les siècles de servitude ; ces siècles de funeste mémoire, ennemis du génie et du bonheur.

Nous espérons que, grâce à ces motifs, le public accueillera avec indulgence cette traduction, et que madame Graham pardonnera à l'amitié d'avoir si mal rendu l'originalité de ses pensées et de ses expressions.

PRÉFACE

DE L'AUTEUR.

Une Préface sert ordinairement à faire connaître les raisons que l'on a pour publier l'ouvrage qu'elle précède, et un auteur se hasarde rarement à avouer que son plaisir ait été le principal motif qui l'ait guidé dans son travail : ce fut cependant cette raison qui fit entreprendre cette Vie du Poussin ; d'autres motifs s'y sont joints depuis, et l'auteur s'empresse de les faire connaître dans l'espoir qu'ils seront appréciés par ses lecteurs.

Les artistes modernes sont trop sujets à se plaindre du défaut de protection publique, et de ce que les voies qui mènent à l'illustration leur sont fermées depuis que l'usage a cessé de décorer l'intérieur des églises ou des palais avec des tableaux

historiques. Cependant Nicolas Poussin
s'est élevé par lui-même, et s'est fait un
grand nom parmi les peintres, sans le con-
cours des circonstances dont nous venons
de parler; car les deux ou trois tableaux
d'autel qu'il a peints pour quelques grandes
églises, sont au-dessous de ceux de plusieurs
de ses rivaux; je dirai plus, ils sont peu
dignes de lui. Ses amis, ses protecteurs,
tous ceux enfin qui surent employer ses talens étaient des amis des arts, qui se plai-
saient à orner leurs appartemens de tableaux
historiques ou poétiques dont les prix
et les dimensions n'outrepassaient pas les
moyens de simples particuliers; et le Poussin sut découvrir que la grandeur des pensées et de la composition, que l'expression
et la pureté de l'exécution étaient indépendantes des limites étroites dans lesquelles
il était forcé de se renfermer. La cour de
France ne songea à le protéger que lorsque
sa réputation était établie; et nous verrons

dans cet ouvrage combien cette protection contribua peu à sa renommée ou à l'avancement de sa fortune.

Il était peintre dans toute l'étendue de ce mot, cultivant la philosophie et la littérature, parce qu'il regardait ces études comme nécessaires au perfectionnement de son art. Modeste et simple dans ses manières, doux, pieux et aimant, il mérita d'être chéri, respecté et admiré; son activité était infatigable; dans ses momens de repos et dans ses plaisirs même, il ne perdait point de vue le grand but de toute sa vie, c'est-à-dire la perfection dans l'art qu'il cultivait.

C'est déjà beaucoup; mais ce n'est point assez pour un peintre que de connaître les divers aspects sous lesquels la nature se présente à nous, de savoir employer les couleurs, et de manier le pinceau avec habileté; il doit encore pénétrer dans les replis du cœur humain, et en étudier les sentimens et les passions; il doit posséder l'histoire et la mythologie, pour y puiser

des sujets dignes de son crayon ; il doit
connaître les mœurs et les coutumes des
nations anciennes et modernes, afin de
donner à ses figures les costumes et l'action
que ces sujets exigent. L'étude de l'antiquité, de l'anatomie, de la perspective, de
la géométrie et de l'architecture lui sont
indispensables ; et il ne doit pas être tout-
à-fait étranger à la géographie physique,
afin de bien rendre la végétation et les
localités.

Ces connaissances ne s'acquièrent pas
aisément, et ne seront jamais le partage
d'un esprit découragé, qui, mesurant d'a-
vance la tâche qu'il doit remplir, l'entre-
prendrait sans courage, et n'y persévérerait
pas avec opiniâtreté. Des hommes qui sont,
nous devons l'espérer du moins, meilleurs
patriotes que bons juges en peinture, et
plus familiarisés avec les misérables dis-
putes des artistes contemporains qu'avec
l'histoire de l'art ; ces hommes, disons-
nous, ont osé insinuer de nos jours que la

peinture fleurit avec plus de succès dans les états despotiques et dans les siècles d'esclavage (1). Mais ils oublient que la poésie et la peinture ont une origine commune, et qu'elles prirent toutes deux naissance dans les villes libres de l'ancienne Grèce ; ils oublient aussi que l'époque qui vit naître les grands poètes et les grands peintres de l'Italie, fut celle où la liberté dégénérait presque en licence. Ouvrons les annales de cette contrée: Michel-Ange, Raphaël, le Titien, Léonard de Vinci, Jules Romain, et Giorgione, naquirent de 1442 à 1492, temps où Florence était une république, et où les capitaines italiens combattaient à la solde des villes libres. Aussitôt que ces mêmes capitaines eurent fondé leur tyran-

(1) On doit regretter que de telles paroles aient été proférées, même dans les annales de l'art ; mais nous nous affligeons de penser que l'*Edinburgh Review* ait accueilli un tel blasphème. (*Voyez* l'article sur la Vie de Reynolds, par Farrington.)

nie, le nord de l'Italie ne produisit plus d'hommes distingués dans les arts.

Les villes des états de l'Église conservèrent long-temps, avec la forme du gouvernement populaire, quelques étincelles de l'esprit républicain, de cet esprit qui est enseveli, mais qui n'est pas complétement éteint sous les cendres de l'ancienne Rome. Ce fut donc, comme on devait l'espérer, à Bologne, la plus libre de ces villes, que se forma la seconde école de peinture ; les Carrache et leurs élèves osèrent peindre avec noblesse : ils étaient libres !

Si le Poussin, Le Brun, Le Sueur et Bourdon s'élevèrent alors en France, ne pouvons-nous pas dire que ce fut aussi une époque de liberté pour ce pays? Les guerres de religion avaient fait naître une liberté de pensée et de discussion, favorable au développement des arts libéraux. Le siècle de fer de Louis xiv n'avait pas encore arrêté l'essor de ces mêmes talens, dont il s'est fait un titre de gloire. Les grands poètes, les peintres et les orateurs de la France s'étaient élevés dans des circonstances favorables au génie ; ils avaient respiré un air plus libre. Mais l'élan du génie qui se fait remarquer dans les poésies de Corneille, de Racine et de Boileau, fut à son tour bâillonné et comprimé dans les ouvrages de Massillon, de Bossuet et d'un grand nombre d'autres écrivains, par la tyrannie de cette cour, qui révoqua l'édit de Nantes, et condamna à l'exil les plus dignes citoyens de la France. Les talens furent comprimés, les plus délicats disparurent ou se flétrirent ; et comme la peinture fut de ce nombre, je n'ai plus à m'occuper des autres conséquences de cette époque si fertile en événemens.

Si donc jusqu'ici la peinture a aimé le grand jour de la liberté, les Anglais ne doivent pas craindre de cultiver cet art ; et si par la suite, de grands peintres s'élèvent parmi nous, nous le devrons à la liberté dont nous jouissons encore, et non à la décadence du caractère national.

L'École anglaise, quoique bien inférieure aux deux plus brillantes époques de l'art en Italie, est maintenant la meilleure de l'Europe; elle a peu de défauts; et pour confirmer cette assertion, l'Académie peut en appeler avec confiance à ces milliers d'Anglais qui ont visité dernièrement le continent, et considéré avec impartialité les productions étrangères. Après les nôtres, les artistes allemands ont le sentiment le plus juste de leur art; ils imitent les anciens maîtres; mais ils se sont mépris en prenant trop exactement le contraire du mal pour le bien; ils ont adopté une simplicité puérile, en cherchant à éviter l'action extravagante, le coloris éblouissant, et l'expression exagérée des Français. Les Italiens sont nuls en peinture; l'exemple de Canova a entraîné vers la sculpture tous les talens naissans, et il n'y a pas dans toute l'Italie un seul peintre qui, dans un genre quelconque, puisse être comparé à l'un de nos académiciens, sans même parler des grands talens que nous possédons hors de notre Académie.

Il est fâcheux qu'il existe chez nous un préjugé en faveur de tout ce qui est étranger, préjugé si ancien, que nombre de personnes l'ont tourné en ridicule depuis des siècles. Depuis Trinculo (1), qui s'écrie « qu'en Angleterre toute chose étrange « suffit pour faire réussir un homme », jusqu'au facétieux Dr Bourd, qui, pour représenter un Anglais, peignit un bel homme nu, tenant d'une main des ciseaux de tailleur, de l'autre, une pièce de drap, et écrivit au-dessous ces vers :

All new fashions be pleasant to we,
I will have them whether I thrive or thee. (2)

Le préjugé subsiste, et malheureusement un peintre, un sculpteur, un graveur, ou

---

(1) Personnage de Shakespeare.

(2) Toutes les nouvelles modes nous sont agréables ; que je triomphe ou non, je veux les avoir.

CAMBDEN.

tout autre artiste, jusqu'au coiffeur et au cuisinier (1), est bien ou mal considéré selon qu'il est né de l'un ou l'autre côté de la Manche. Le cœur saigne en voyant d'excellens ouvrages anglais vendus à des prix très modiques, tandis que les porte-feuilles sont remplis et les murs couverts des rebuts de la France et de l'Allemagne, qui seront inévitablement relégués au gre-nier et chez l'épicier, lorsque la mode et la nouveauté ne les soutiendront plus.

Mais le bon sens et le bon goût prévau-dront à la fin ; ceux qui protégent les arts parmi nous s'apercevront que nos artistes sont meilleurs peintres, appartiennent à une meilleure école, et sont plus dignes d'estime que la plupart de ceux qui pren-nent ailleurs le nom de peintres ; et nos artistes, de leur côté, se contenteront du

_____

(1) L'art de la cuisine a été appelé un art libéral ; et quant au coiffeur, c'est un artiste en élégance. (*Voyez* FORSYTH, sur l'Italie.)

degré de protection et d'encouragement
que les temps et les circonstances particulières à notre pays permettent de leur accorder ; ils se rappelleront que l'excessive
protection accordée aux peintres et aux
autres artistes par quelques Mécènes étran-
gers, a privé souvent de toute indépendance
ceux qui cultivaient les arts libéraux. Aucun Anglais ne pourrait se plier à la protection despotique d'un particulier ; pénétré
comme il l'est de l'indépendance de son art
et de sa personne, il ne se soumet qu'à
l'opinion publique, et se garde bien de con-
sidérer comme un but d'encouragement
l'avantage de plaire à quelques autorités
particulières et tyranniques.

C'est surtout l'espoir de rendre quelques
services à l'art, qui a engagé l'auteur de
cette Notice à traiter ce sujet, en s'efforçant
de présenter au monde littéraire quelque
chose de moins sec que de simples règles
de peinture : espérons que d'autres écrivains

entreprendront la même tâche avec plus de talens pour la bien remplir.

Les matériaux dont se composent cet ouvrage ont été imprimés sous diverses formes et dans diverses langues, mais ils n'ont pas encore été rassemblés, et il n'existe pas une bonne Vie du Poussin en anglais. Une traduction fidèle de l'excellente Histoire de Lanzi serait peut-être la meilleure acquisition à faire pour la bibliothéque d'un artiste anglais ; car l'original est certainement l'ouvrage le plus parfait sur la peinture, qui ait paru depuis des siècles en Italie. Il est permis d'espérer que cet essai sur la vie du Poussin sera accueilli favorablement du public, qui encourage et protége la littérature et les beaux-arts.

VIE
DU POUSSIN.

La biographie des hommes célèbres a toujours
été regardée, non seulement comme le genre
de lecture le plus intéressant, mais aussi comme
le plus instructif ; nous mettons les Vies de
Plutarque entre les mains de nos jeunes guerriers, de nos jeunes littérateurs, et de nos
hommes d'état, pour former leur esprit, et
exciter leur émulation. Il est à regretter que
nous ne possédions pas quelque Vie complète de
ces artistes distingués qui furent l'ornement des
siècles florissans de la Grèce, et de ses cités,
patrie des beaux-arts : nous devons croire cependant, d'après les nombreuses anecdotes que
l'on nous a transmises sur ces grands maîtres,
et d'après la manière remplie de respect dont
ils sont nommés par les plus grands écrivains,
que les Grecs envisageaient les beaux-arts autant
comme un moyen d'exciter les vertus publiques
que de perfectionner le goût.

Dans les climats méridionaux, où la nature

prodigue demande peu de travail en échange
de ses dons, et où par conséquent les hommes
ont beaucoup de loisir, le peintre, le sculpteur,
le musicien et le poète, en arrachant leurs
concitoyens aux plaisirs bornés des sens, en
les entraînant à la contemplation du beau,
aiguisent leur goût, et les rendent plus sensibles
à tous les charmes de la perfection intellectuelle
et morale; par là, ils ont mérité d'être placés
de tout temps au rang des bienfaiteurs de la
patrie.

Dans le Nord, au contraire, où la nature
plus économe, impose une tâche pénible à
l'homme en échange de ses faveurs, un temps
considérable s'écoule avant que l'état de la
société demande ou admette la culture des
beaux-arts; il résulte de là que chez les nations
qui les premières sortirent des ténèbres qui
couvraient les siècles de l'ignorance, les jouissances plus douces des beaux-arts furent négli-
gées, et les préjugés ne reconnurent d'autre
illustration que celle acquise par les armes ou
l'érudition scolastique. Le chevalier et le prêtre
regardèrent l'artiste avec mépris, et il dut
attendre le moment où l'Italie, renaissant à la
civilisation, pût lui rendre dans la société la place
honorable qui lui avait été accordée par l'antiquité. La vie du sculpteur dont le ciseau immor-

talisa le conquérant d'une nation ennemie, ou celle du peintre qui fut chargé par la patrie reconnaissante de représenter le libérateur de son pays à la tête de son armée victorieuse, serait utile de deux manières à l'artiste moderne; en premier lieu, elle aiderait à son perfectionnement, en lui montrant la marche que suivirent les Grecs pour acquérir cette supériorité que nous admirons dans leurs sculptures, sans pouvoir l'égaler, et que leurs peintures possédaient sans doute au même degré; en second lieu, une telle biographie aiderait à effacer les préjugés enfantés dans les temps de chevalerie, préjugés qui se joignant à la délicatesse du goût chez l'artiste, le rendaient incapable de supporter l'agitation et les soins peu relevés d'une vie commune, et contribuaient encore à l'éloigner du reste du monde.

Mais peut-être que les exemples de Phidias, de Praxitèle, d'Apelles et de Zeuxis n'auraient pas été plus utiles à l'artiste moderne que celui de Nicolas Poussin, dont les mœurs douces et la vie sans tache sont relevées d'une manière brillante par la noble persévérance qu'il opposa à tous les obstacles qui se présentaient à lui dans la recherche de la perfection, jusqu'à ce qu'il se fît une place parmi les plus grands maîtres; place à laquelle peu de peintres ont atteint dès lors, et qu'aucun n'a éclipsée dans son genre particulier. (1)

Pour un jeune artiste, la vie du Poussin est un fanal qui le dirige au milieu des écueils, un encouragement plus efficace que la plus éminente protection ; car cette vie prouve qu'en dépit des circonstances, le génie, aidé par un travail opiniâtre, n'a nul besoin de protecteur, et que la renommée, bien qu'elle se fasse quelquefois long-temps attendre, ne lui refuse jamais ses faveurs.

Le Poussin descendait d'une famille noble, mais pauvre ; son père, Jean Poussin, était natif de Soissons, et servit avec distinction dans le régiment de Tavannes, sous les règnes de Charles ix, de Henri iii et de Henri iv. La pauvreté du trésor royal pendant ces malheureuses époques l'obligea à supporter toutes les dépenses de sa vie militaire, et il fut réduit à la plus grande indigence, ainsi que plusieurs de ses braves camarades. Après la prise de Vernon, où il demeurait alors, il épousa Marie de Laisement, veuve de Lemoine, procureur en cette

_____

(1) Lenzi dit que le Poussin, à son arrivée à Rome, perfectionna non seulement son propre genre, mais encore qu'il en créa un autre dont on doit le regarder comme le législateur.

ville ; après avoir quitté le service, il se retira aux Andelys en Normandie, dans l'année
1592, et au mois de juin 1594 naquit son fils
Nicolas.

Peu d'hommes sont parvenus à une grande
distinction dans les arts ou les sciences, sans
qu'on ait recueilli sur leur première enfance
quelque anecdote où leur grandeur future se
trouve présagée. Cependant les annales des
grandes maisons d'éducation montreraient combien peu de ces heureux pronostics ont été
réalisés. Un esprit vigoureux, une vive imagination, peuvent recevoir accidentellement une
impression qui leur fait entrevoir la route dans
laquelle ils doivent faire de si grands pas ; mais
en comparant ces derniers à tous ceux qui
annoncent des talens précoces, on voit combien
est petit le nombre de ceux qui, favorisés par la
fortune et les circonstances, suivent la route
que la nature ou l'impulsion du moment semble leur indiquer. Ainsi, quoique nous con-
venions en général avec Johnson, que le hasard
seul a quelque part aux déterminations indivi-
duelles d'un homme, et que sa supériorité dé-
pende essentiellement de la force de ses facultés,
nous ne pouvons nous empêcher d'accorder
quelque influence à ce premier penchant de
l'esprit qui a souvent indiqué une grandeur

future dans une branche particulière ; ainsi
Pope qui,

« Lisped in numbers, for the numbers came , » (1)

ne démentit point les promesses de son enfance.
La prédilection que Reynolds montra dans son
jeune âge pour les miniatures enluminées d'un
vieux missel, produisit quelques années après,
non seulement un peintre, mais une école ; et
Passeri nous dit que Nicolas Poussin fut souvent
grondé par son maître d'école, parce qu'au lieu
d'étudier il dessinait sur les pages de ses livres.
Cet amour précoce de l'art fut sans doute excité
par les beautés naturelles des environs de la ville
des Andelys, qui est située au milieu de collines
agréables sur la rive droite de la Seine, là où ce
fleuve ayant sa plus grande largeur, serpente au
travers de la belle et fertile province de Normandie. Les alentours de cette ville sont maintenant embellis, et furent autrefois défendus
par plusieurs de ces tours pittoresques que les
Normands ont laissées dans les divers lieux de
leur domination, depuis le nord de l'Angleterre
jusqu'au midi de l'Italie et de la Sicile. Les
esquisses du jeune Poussin attirèrent l'attention

(1) « Balbutia en nombres cadencés, vécut pour la
poésie. »

de Quintin Varin, natif d'Amiens, et établi
pour lors aux Andelys. L'état de la peinture
était à cette époque fort peu avancé en France;
tous les défauts qu'on reproche avec raison à
l'école française, existaient alors au plus haut
degré, et si l'on commençait à entrevoir le goût
plus épuré des Lebrun et des Lesueur, Varin
peut réclamer l'honneur d'être un des premiers
entre ceux qui ont pénétré dans la route du
perfectionnement. Son tableau de la *Présenta-
tion du Christ au temple*, peint pour les carmes
déchaussés, et celui de *Saint Charles Borromée*,
exécuté pour l'église de Saint-Étienne-du-Mont,
sont considérés comme ses meilleures productions, et ont un mérite réel; il est donc naturel
de penser qu'il devait avoir beaucoup de réputation dans une ville de province. Cette circonstance, jointe aux instances pressantes de
Nicolas, vainquit à la fin la répugnance qu'éprou-
vait Jean Poussin à laisser son fils se livrer à son
goût pour la peinture ; et, après des efforts
répétés pour le détourner d'une carrière qui
offrait si peu de chances de succès, il lui permit
de s'établir auprès de Varin, et de devenir son
élève.

C'est à l'intérêt vraiment paternel que son
maître prit à ses progrès, et à la bonne direction
qu'il donna à ses études, que le Poussin fut

redevable de ses succès futurs ; mais les leçons de Varin et la petite ville des Andelys ne présentaient pas de modèles capables de satisfaire le génie de ce jeune homme ; il comprit qu'il devait exister quelque chose de plus relevé, qu'il pourrait y atteindre, et qu'il devait le chercher : aussi à l'âge de dix-huit ans il partit pour Paris, seul, sans amis et presque sans argent. Là, son premier maître fut un Flamand, Ferdinand Elle (1), qui jouissait d'une grande réputation comme peintre de portraits ; mais le Poussin le quitta bientôt, et devint élève de l'Allemand, qui, bien que supérieur à Ferdinand Elle, fut lui-même bientôt surpassé par son élève dans tout ce qui n'était pas la partie mécanique de l'art, et ils se séparèrent au bout de quelques semaines. Ce fut cependant dans l'atelier de l'Allemand que le Poussin contracta avec Philippe de Champagne une amitié dont il retira dans la suite de grands avantages. (2)

Cependant sa douceur et ses manières aimables

---

(1) Né à Malines.

(2) Philippe de Champagne, natif de Bruxelles, n'eut point de maître particulier jusqu'à ce qu'il vînt à Paris, où il étudia peu de temps chez l'Allemand ; il peignait avec vérité, et apportait une grande attention à la couleur locale. C'est à Fouquières qu'il a dû son habileté dans la peinture du paysage.

lui attirèrent plusieurs amis, au nombre desquels était un jeune gentilhomme du Poitou qui faisait ses études à l'université de Paris, et qui conçut pour le Poussin une si grande estime, que non seulement il lui prêta de l'argent pour continuer ses études, mais qu'il l'introduisit partout où il pouvait puiser quelque chose d'utile à son perfectionnement. Parmi les personnes les plus importantes auxquelles il fut présenté, il faut distinguer Courtois, mathématicien du roi, et alors employé au Louvre. Outre une nombreuse collection d'excellentes gravures, et surtout celles de Marco Antonio, d'après Raphael et Jules Romain, Courtois possédait un grand nombre de dessins originaux de ces grands maîtres ; il les prêta tous généreusement au Poussin, qui les copia avec soin et avidité, se formant ainsi de bonne heure à cette manière large et pure qui distingue ses ouvrages. Il a souvent regardé cette circonstance comme la plus heureuse de sa vie, parce qu'elle lui fit entrevoir un rayon de cette lumière après laquelle il soupirait, et qu'elle lui apprit à concevoir ses sujets d'une manière noble et historique.

Ces avantages furent bientôt suivis d'un revers pénible à supporter pour un homme tel que le Poussin. Le jeune gentilhomme qui s'était si

noblement déclaré son protecteur, fut rappelé
chez lui par sa mère, et il engagea le Poussin à
l'accompagner ; son intention était d'orner sa
maison, de donner la direction de ces embellis-
semens à son ami, et de l'employer à peindre
plusieurs tableaux. Mais il paraît que la mère
faisait peu de cas des beaux-arts, et que son goût
ne s'étendait pas jusqu'à en sentir le prix. Elle
mit fin aux projets de son fils, et au lieu d'encourager le génie naissant de son hôte, elle
jetait du ridicule sur ses occupations, elle l'ac-
cablait de détails de ménage, et cherchait à
l'employer comme un factotum domestique ;
jusqu'à ce que, lassé par la dureté et l'orgueil
de cette femme, le Poussin quitta le château et
partit à pied pour Paris.

Sans argent et sans ressources, il se vit obligé
de mettre à profit, pour sa subsistance journa-
lière, les talens que jusqu'alors il avait cultivés dans le seul but de se perfectionner et
de se faire un nom. Dans les villes qu'il tra-
versa, il vendit de petits tableaux peints en
détrempe, à un prix très modique ; il peignit
aussi des cadres de panneaux et des ornemens
d'appartement, dans des maisons de particuliers ;
mais son travail était si pénible, et ses gains si
minimes, qu'à son arrivée à Paris il se vit
atteint d'une grave maladie, suite des fatigues

et de la mauvaise nourriture, et il fut obligé de retourner aux Andelys, où il passa près d'un an chez son père. Pendant ce temps, il continua à peindre à vil prix, soit à l'huile, soit en détrempe; la nécessité le força de prendre cette dernière manière, qui a l'avantage de la rapidité, et c'est à ce travail que l'on peut attribuer en partie la dureté qu'on lui reproche, même dans ses meilleurs ouvrages; mais il lui dut aussi beaucoup de sa promptitude et de sa facilité. C'est probablement à cette époque qu'il peignit, d'après sa première manière, quelques-uns des tableaux que l'on sait être de lui, tels que ceux de l'église des Capucins, à Blois, et les *Bacchanales*, que l'on voyait au château de *Chiverny*.

Aussitôt que sa santé lui permit de reprendre sérieusement ses études, il résolut de faire tous les efforts possibles pour aller à Rome; là seulement il espérait voir ces modèles antiques dont il sentait la nécessité pour fixer son goût, et lui faire connaître le beau idéal. Il se mit donc en route pour l'Italie, mais il ne dépassa pas Florence, probablement parce que sa bourse était épuisée, et que les ressources qui l'avaient soutenu dans les petites villes de province en France, lui manquèrent dans un pays et dans un temps où l'art de la peinture était si perfectionné, que les seuls ouvrages des grands maîtres se vendaient avec quelque avantage.

À son retour à Paris, il s'appliqua avec plus d'ardeur que jamais à l'étude des sciences qui ont quelque rapport à l'art qu'il cultivait, telles que l'anatomie, l'optique et la perspective, et ce fut à son ami Philippe de Champagne, qui logeait avec lui au collége de Laon, qu'il dut les facilités nécessaires pour suivre ses travaux. Duchesne était à cette époque occupé à peindre les ornemens du palais du Luxembourg ; il avait engagé Philippe de Champagne à l'aider : celui-ci lui présenta le Poussin ; et Duchesne, charmé de rencontrer un aide aussi habile et d'aussi bonne volonté, l'employa pendant quelque temps avec son ami (1). Le Poussin peignit quelques détails dans les plafonds, et Philippe de Champagne s'est fait beaucoup d'honneur par les travaux qu'il exécuta à la même époque dans la chambre de Marie de Médicis ; mais cette occupation cessa bientôt, et comme le voyage de

(1) Duchesne, qui était un très mauvais peintre, fut si jaloux des succès des deux amis, qu'ils furent obligés d'abandonner leur travail : Champagne se retira à Bruxelles, mais il revint après la mort de Duchesne, dont il épousa la fille, et devint peintre de la reine, place qu'il occupa jusqu'à sa mort, qui eut lieu à l'âge de soixante-douze ans.

Rome était toujours la pensée dominante du Poussin, il se décida à partir de nouveau avec la petite somme qu'il avait économisée sur ses gains du Luxembourg. Cette fois il fut arrêté à Lyon par une maladie, et non seulement il épuisa son petit trésor, mais il fut encore obligé d'emprunter à un négociant qui fournit à ses besoins, sous la condition qu'il peindrait un certain nombre de tableaux pour lui. Il resta donc à Lyon pour remplir cet engagement, et ensuite il continua à y peindre jusqu'à ce qu'il eût gagné une somme suffisante pour le ramener à Paris. C'est là qu'enfin il trouva l'occasion de déployer ses grands talens.

En 1623 les jésuites devaient célébrer la canonisation d'Ignace Loyola, et celle de saint François Xavier. Les élèves de leur collége, à Paris, résolurent, à cette occasion, d'exposer les miracles de leurs saints patrons dans une suite de tableaux. Le Poussin en peignit six dans moins d'une semaine : sa longue habitude de la peinture en détrempe lui donna une grande supériorité, pour la promptitude, sur les autres artistes qui furent employés concurremment avec lui ; et lorsque ces tableaux furent exposés, bien que les détails fussent négligés par suite de la promptitude avec laquelle ils avaient été exécutés, ils excitèrent la plus grande admiration, par la grandeur de la conception et l'élégance du dessin, et ils obtinrent la préférence sur tous les autres, quoique ceux-ci fussent peints par les meilleurs artistes alors connus à Paris.

Dès ce moment la réputation du Poussin fut celle d'un homme plein de génie, et son amitié fut recherchée par plusieurs des hommes éclairés de cette époque : dans le nombre, Marino, communément appelé le chevalier Marini, s'attacha plus particulièrement à lui et lui fut utile, non seulement comme protecteur, en le faisant connaître à plusieurs personnages distingués de la cour, mais en épurant son goût et en l'aidant à acquérir une connaissance plus complète des classiques latins. Marini était né à Naples ; il avait été obligé de quitter ce royaume par suite de troubles politiques, dans lesquels sa famille et lui avaient pris part ; il se réfugia successivement dans plusieurs petites cours d'Italie, où son talent pour la satire lui attira plusieurs querelles littéraires et politiques, et il ne resta jamais long-temps dans le même lieu, jusqu'à ce que Marie de Médicis le pressa de s'attacher à la cour de France. Il y passa la plus grande partie de sa vie, et y écrivit plusieurs de ses poëmes, qui, malgré le caractère licencieux de leurs sujets, renferment de nombreuses beautés, et sont pleins d'images classiques. Marini donna

un appartement au Poussin ; et comme sa santé
était alors extrêmement dérangée, il aimait à
voir travailler ce peintre près de lui, tandis qu'il
lui lisait à haute voix des morceaux de quelque
auteur latin ou italien, ou de ses propres poëmes,
pour l'ornement desquels le Poussin fit de charmans dessins. On doit craindre que la plus
grande partie n'en soit perdue, quoiqu'il y ait
lieu de croire qu'il existe encore dans la bibliothéque Massimi, à Rome, une copie de l'*Adonis*
de la main de Marini, interfeuillée par des dessins
du Poussin. C'est à ce genre d'étude dont il
s'occupait avec Marini qu'on doit peut-être
attribuer sa prédilection pour les compositions
dont les nymphes, les fées et les bacchanales
fournissent les sujets ; compositions dans lesquelles il excellait, et dont Reynolds a dit,
« qu'aucun peintre ne fut jamais plus en état de
« représenter de semblables sujets, non seule-
« ment parce qu'il était extrêmement versé dans
« la connaissance des cérémonies, mœurs et
« coutumes des anciens, mais encore parce
« qu'il était très familier avec les caractères
« attribués à ces figures allégoriques par ceux
« qui les ont imaginées. » (*Cinquième Discours
de Reynolds.*)

Le Poussin n'avait cependant point abandonné
son projet d'aller à Rome ; il s'était, au con-

traire, fortifié dans cette idée depuis que par sa connaissance des anciens écrivains il avait accru sa connaissance de la beauté antique ; il désirait ardemment connaître ces formes qui ont réalisé les conceptions des poètes : c'était d'après les originaux qu'il voulait étudier ces chefs-d'œuvre dont les dessins et les gravures ne peuvent donner qu'une si faible idée. En même temps il préparait son esprit à recueillir tous les avantages possibles de telles études, sentant que tout homme dont le travail a pour but de faire connaître les objets visibles, « ne doit pas être entièrement étranger à cette partie de la philosophie qui met à découvert la nature morale de l'homme, et qui a rapport au caractère et « aux affections » (1). Il s'appliqua avec soin à l'étude de l'histoire et de la biographie, transcrivant et traduisant des morceaux de différens auteurs pour son propre usage, et il rechercha la conversation des érudits et des hommes à talens qui se trouvaient alors à la cour de France : liaisons plus profitables que toutes autres à un artiste dont le temps est tellement absorbé par la partie pratique de son art, qu'il lui reste peu de loisir pour des lectures étendues et des études suivies.

_____

(1) Septième Discours de Reynolds.

De même que dans la pratique, un peintre
doit étudier d'après les modèles vivans aussi-
bien que d'après les belles formes de l'antiquité,
de même aussi la sécheresse de ses études spé-
culatives doit être adoucie par la conversation
et la société, autrement ses conceptions man-
queront de grâce et d'aisance, et son exécution
sera dépourvue de couleur et de vie. Le Poussin
jouit pleinement de cet avantage pendant le
temps qui s'écoula entre sa première connaissance avec Marini et son départ pour Rome : ce
temps fut court, il est vrai, car il ne s'étendit
pas au-delà d'une année, mais la route fut ou-
verte, et le génie vigoureux du peintre qui sut
en entrevoir tous les avantages ne s'en détourna
jamais.

Il est à remarquer que Marini était Italien ;
il est probable qu'aucun gentilhomme français
de cette époque n'aurait voulu recevoir chez lui
un peintre comme un ami intime ; mais les Italiens sont de tous les peuples ceux qui ont le
moins d'afféterie, ils expriment ce qu'ils sentent, pour leur propre satisfaction, sans se
régler sur l'opinion des autres. En France, la
vanité, et en Angleterre, la fierté, font que
chaque homme met un grand prix à l'opinion
de ses semblables, et il est difficile à un artiste
dont la réputation n'est pas encore établie,

d'arriver dans la société polie et savante à cette intimité qui doit former une partie de son éducation. Les peintres italiens, au contraire, étaient recherchés dans toutes les sociétés. Michel-Ange, admis ainsi que Politien dans le palais des Médicis, recevait les bienfaits de ces princes, qui le traitaient comme un ami et comme un compagnon. C'est en partie à cette familiarité constante avec les hommes les plus distingués et les plus savans de son temps que l'on doit la noblesse soutenue qui se fait remarquer dans ses compositions. Jusqu'à présent, nos artistes anglais, à quelques exceptions près, ont formé un peuple trop à part; s'ils veulent peindre la nature, ils sont forcés d'emprunter l'action et l'expression exagérée du théâtre, ou les manières basses et ignobles de la populace. C'est en cela que pèchent la plupart de nos peintures historiques : exagération d'une part et manque de dignité de l'autre. La perfection du coloris que nous possédons est peut-être la qualité la plus séduisante en peinture, et je crois qu'il serait intéressant de rechercher jusqu'à quel point notre caractère national et notre situation ont contribué à former notre école. Nos sites sont agréables, notre population est belle, surtout par l'éclat du teint; nos poètes sont moins maniérés que ceux de France et d'Italie, et suivent de plus près la nature dans leurs écrits. Et comme un art emprunte toujours quelque chose d'un autre, on peut dire que le coloris frais et naturel de l'école anglaise provient en partie de la manière fidèle dont Shakespeare et *Fletcher* (1) ont imité la nature ; de même, les deux illustres amis, l'Arioste et le Titien, semblent réfléchir leur éclat l'un sur l'autre ; tous deux inégaux, et quelquefois incorrects dans le dessin, mais tous deux aussi brillans de fraîcheur, de coloris et de beauté.

A la fin de l'année 1623, Marini résolut de retourner dans sa patrie ; il avait vu mourir la plupart des hommes qui avaient fait le charme de son séjour à Paris ; à ce motif se joignait l'*exaltation* à la chaire de saint Pierre, de son ami d'enfance, Maffeo Barberini, sous le nom d'Urbain VIII. Marini était devenu très infirme ; cependant le désir si naturel de mourir dans sa patrie lui fit traverser les Alpes au milieu de l'hiver, et accomplir le voyage de Rome. Il pressa le Poussin de l'accompagner ; mais les

---

(1) On ne saurait trop apprécier les belles poésies descriptives de Fletcher ; voyez en particulier le *fidèle Berger*, qui joint à beaucoup de mérites différens celui de ne pouvoir être comparé qu'au *triste Berger*, pour la pureté du langage.

principes de loyauté qui faisaient la règle des actions de cet artiste l'empêchèrent d'accepter cette proposition, quelque séduisante qu'elle fût. Il s'était engagé à peindre plusieurs tableaux, et il se regardait comme lié jusqu'à ce que cet engagement fût rempli. L'un de ces tableaux était la *Mort de la Vierge ;* c'est peut-être le plus beau d'après sa première manière ; il fut peint pour la corporation des orfévres, qui devait présenter un tableau, chaque année, à l'église de Notre-Dame.

Sa persévérance et son désintéressement furent enfin récompensés par l'accomplissement de son désir le plus cher. Au printemps de 1624 il rejoignit *Marini* à Rome ; mais cet ami, déçu dans son espoir d'être employé à la cour du pape, et abattu par la maladie, était sur le point de se retirer à Naples, où il mourut au bout de peu de mois, après avoir écrit son beau poëme du *Stragge d' egli Innocenti* (1). L'obligation de composer cet ouvrage fut la seule pénitence que lui voulut imposer son confesseur pour les poésies licencieuses de sa jeunesse. Avant de quitter

(1) Milton a fait l'éloge de la belle traduction (en anglais) de ce poëme, par Crashawe, et nous pouvons croire que plusieurs passages du *Paradis perdu* ont été empruntés de Marini, dont le poëme était encore célèbre lorsque Milton visita l'Italie en 1638.

Rome, il recommanda fortement le Poussin à
Marcello Sacchetti, qui promit de le présenter
au cardinal Barberini, neveu du pape; ce qu'il fit
en effet, avec les expressions les plus flatteuses
pour l'artiste (1); et bien que le cardinal quittât
Rome presque immédiatement, par suite de sa
nomination à la légation d'Espagne, cette pré-
sentation fut très utile au Poussin, en lui procu-
rant l'entrée du riche musée du palais Barberini,
et en étant l'occasion de sa liaison avec la famille
Del Pozzo, dans laquelle il trouva des amis à
toute épreuve, et des patrons zélés. (2)

Malgré ces avantages, depuis la mort de
Marini et le départ du cardinal pour un pays
éloigné, le Poussin se trouvait isolé à Rome.
Son voyage avait épuisé ses moyens d'existence,
et il ne s'était pas encore créé de nouvelles ressources. Pour subvenir à ses plus pressans besoins, il vendit, pour le prix de quatorze écus,
deux batailles, qui contenaient un grand nombre de figures, et un *Prophète*, pour moins de
deux écus; tandis qu'une copie de ce même

---

(1) Quelques auteurs rapportent que Marini présenta
lui-même le Poussin au cardinal, en lui disant: *Vedrete
un giovane che a una furia di diavolo.*

(2) Evelyn parle du musée del Pozzo comme étant
riche en antiques et en dessins; on dit qu'il contenait
des dessins de tous les bas-reliefs alors existans à Rome.

tableau, par un autre peintre, fut payée le double.

Quoique malheureux, quant à ses ressources pécuniaires, le Poussin eut du bonheur dans la première liaison qu'il forma à Rome ; il logeait dans la même maison qu'un sculpteur flamand, François Quesnoi, généralement appelé *il Fiamingo*, qui présenta le Poussin à l'Algarde (1), son intime ami. C'est avec ces deux hommes intelligens que notre artiste étudia et mesura la plupart des statues de Rome (2) ; il en reçut aussi, dans maintes occasions, les secours pécuniaires que des moyens assez bornés leur permirent de lui accorder, et dont il ne pouvait se passer, malgré son assiduité au travail. La vente de ses *Batailles* et celle de son *Prophète* ne pouvaient le soutenir que bien peu de temps, et les soixante

---

(1) L'Algarde passe pour avoir été l'architecte de la villa Pamphili, à Rome, en dehors de la porte d'Aurélien ; mais ce mauvais ouvrage est de Gio. H. Grimaldi, peintre bolonais. (*Memoires de Santo Bartholi*, publiés par Fea.)

(2) Parmi une collection de choses curieuses, il existait à Strawberry-Hill, un buste en terre cuite, de la femme du Poussin, par Fiamingo. Reynolds loue beaucoup le *Saint-Barthélemi*, du même artiste, que l'on voit à Saint-Pierre, pour la manière dont la lumière est distribuée. (*Vie de Reynolds*, par Northcote, v. 1, p. 95.)

écus qu'il reçut pour son célèbre tableau de
l'*Arche de Dieu chez les Philistins*, suffirent à
peine pour couvrir les frais d'exécution. Cet
ouvrage, qui est une de ses plus belles compositions, obtint un grand succès à Rome; il contient
au-delà de cinquante figures disposées en groupe,
et excitant un effrayant intérêt. Les souffrances
du peuple et le trouble insensé de ses chefs sont
admirablement exprimés; le paysage et l'architecture du second plan sont antiques et bizarres,
ainsi qu'il convenait à Ashdod. Les bâtimens du
premier plan sont peut-être trop romains, mais
leur aspect est néanmoins trop ancien pour faire
naître dans l'esprit du spectateur quelque rapprochement avec ce qui est commun et moderne,
et ils sont dans une harmonie parfaite avec le
sujet. La réputation du peintre s'accrut considé-
rablement aussitôt que ce tableau fut connu,
mais il en retira peu d'avantages pécuniaires, il
ne reçut que soixante écus, tandis que le premier
acheteur le vendit peu après mille écus au cardinal de Richelieu. (1)

---

(1) Le défaut de ce tableau, défaut dont le Poussin
cherche à s'excuser en s'appuyant sur l'exemple de Raphaël, est, qu'il a personnifié non seulement l'effet
moral de la contagion, mais encore les exhalaisons de la
corruption. (Voyez dans la cinquième Lecture de Fuseli
d'excellentes remarques sur cette expression exagérée.)

En ce temps, le Poussin, décidé à recommencer son éducation comme peintre, ne perdait
aucune occasion de se perfectionner ; indépen-
damment de ses études d'après l'antique, qu'il
poursuivait avec ardeur, de concert avec l'Algarde
et Quesnoi, il se remit à l'optique, qu'il avait
commencée à Paris, et il consulta Alhazen,
Vitellius, et le père Matheo Zoccolino, avec tant
de succès, qu'on a cru long-temps qu'il avait
composé lui-même un traité sur cet objet ; mais
la lettre suivante, écrite après sa mort par son
beau-frère J. Dughet, à M. de Chantelou, en
réponse à quelques renseignemens que ce dernier lui demandait à cet égard, prouve que ce
traité n'a jamais existé ; et comme cette lettre
montre en même temps les travaux qu'il fit pour
acquérir la connaissance de tout ce qui pouvait
aider à ses études, et enrichir le trésor dans
lequel il devait puiser ses compositions, nous la
transcrivons ici, parce que ce fut aussi à cette
même époque qu'il se livra plus particulièrement à ces recherches : « Vous dites que M. Ce-
« risier prétend avoir un livre sur la lumière et
« les ombres par M. Poussin ; cela ne peut être.
« J'ai, en effet, entre les mains quelques ma-
« nuscrits sur ce sujet, mais ils ne sont pas de
« M. Poussin ; il me les fit copier dans un ou-
« vrage original qui se trouve à la bibliothéque

« Barberini, et dont l'auteur est le père Matheo,
« maître de perspective du Dominiquin. Il m'en
« fit copier une grande partie avant son départ
« pour Paris, et je lui transcrivais aussi les
« règles de Vitellius. Je sais que plusieurs per-
« sonnes ont cru que M. Poussin était l'auteur
« de ces manuscrits ; mais afin de vous con-
« vaincre de la vérité de ce que je dis, veuillez
« me faire le plaisir de dire à M. de Chambray
« que s'il veut bien y jeter un coup d'œil avec
« vous, je les lui enverrai par le courrier, sous
« condition qu'ils me seront renvoyés aussitôt
« que vous les aurez examinés. Tous les Français
« sont persuadés que M. Poussin a laissé quel-
« ques traités sur la peinture ; ne le croyez pas,
« Monsieur : il est vrai que je lui ai souvent
« entendu parler de l'intention qu'il avait de
« commencer quelque ouvrage sur cet art ; mais
« quoique je lui aie fréquemment rappelé cette
« idée, il en a toujours renvoyé l'exécution
« jusqu'au moment où la mort a mis fin à tous
« ses projets. » (Du 25 janvier 1666.)

Il commença vers la même époque à s'appli-
quer avec ardeur à l'étude de l'architecture, et
quoiqu'il n'eût aucune connaissance des temples
majestueux de la Grèce, le genre qu'il se forma
est si grand et si imposant qu'on l'a toujours cité
comme un modèle dans cet art. Le Poussin étu-

dia seulement les ruines de Rome ; et cette ville , malgré toute sa beauté et sa magnificence , est loin d'offrir des modèles parfaits en architecture , si l'on excepte cependant le Panthéon , et les trois colonnes qui restent des comices , ou plutôt du temple de Jupiter Stator : aussi dans le tableau d'*Éthra découvrant à Thésée le secret de sa naissance*, tableau qui se voit à la galerie de Florence, nous ne retrouvons pas ce majestueux ordre dorique dont les temples d'Athènes nous offrent de si beaux modèles ; son architecture participe de cet ordre vicieux nommé mal à propos Dorique , dont il avait trouvé les proportions au théâtre de Marcellus , et dont les ornemens manquent de grandeur et de noblesse. Néanmoins nous devons reconnaître que l'architecture du Poussin n'est jamais commune ni moderne , et l'attention qu'il accorde à cette partie de son art est bien digne d'imitation. Il restaura les temples antiques , et fit des plans et dessins des restes de l'ancienne Rome ; toutes les fois que le sujet le permet , il place dans ces tableaux quelques bâtimens , soit de la ville ancienne , soit de la moderne. Dans le charmant paysage de la *Mort d'Eurydice*, le pont et le château de Saint-Ange , et la tour dite de *Néron*, occupent le plan intermédiaire. On retrouve encore le château Saint-Ange dans un de ses

tableaux de l'*Exposition de Moïse*. La pyramide
de Caius Cestius, le Panthéon, les ruines du
forum, se reconnaissent dans le Moïse sauvé, et
dans quelques-uns de ses tableaux les plus remarquables.

Toutes les heures qu'il pouvait dérober à ses
études sérieuses, le Poussin les passait dans les
villas près de Rome; il y jouissait de l'aspect des
sites incomparables qui entourent cette ville, et
il y admirait les plus beaux restes de la sculpture
antique; là toutes les collines sont classiques,
tout, jusqu'aux arbres, respire la poésie, et rien
ne rappelle la nature ordinaire, tant elle est
ennoblie par ces débris, dont les formes, la grandeur et la disposition font naître dans l'âme une
rêverie qui la captive, dont elle craint de sortir,
et qui ne peut être comprise par ceux qui ne
l'ont point ressentie! Le Poussin continua jusqu'à
un âge très avancé à méditer et à étudier au
milieu de ces scènes délicieuses. « J'ai souvent
« admiré » disait Vigneul de Marville, qui le
connut à une époque avancée de sa vie « j'ai
« admiré la passion qu'il avait pour son art,
« quoiqu'il fût âgé; je le voyais fréquemment
« au milieu des ruines de l'ancienne Rome, dans
« la campagne, ou sur les bords du Tibre,
« esquissant un paysage qui lui plaisait, et je
« l'ai rencontré avec son mouchoir rempli de

« pierres, de mousse, ou de fleurs, qu'il portait
« chez lui pour les copier d'après nature. Je lui
« demandai un jour comment il était arrivé à ce
« degré de perfection qui lui assignait un si haut
« rang parmi les peintres d'Italie ; il répondit :
« En ne négligeant aucun détail. »

Mais il regardait toutes ces parties comme
subordonnées à son grand objet, qui était d'acquérir une connaissance exacte de la figure
humaine ; dans ce but il reprit les études anato-
miques qu'il avait commencées à Paris, et il
suivit un nouveau cours d'anatomie pratique,
sous un habile chirurgien, Nicolas Larche ; il
lisait en même temps Vecellius, et en faisait
des extraits ; il eut plus tard l'avantage d'étudier
d'après le modèle vivant dans l'école du Dominiquin, qui était alors la meilleure de Rome, et il
visitait souvent celle d'Andrea Sacchi, où il
voyait un modèle célèbre par son intelligence et
par la grâce avec laquelle il prenait les attitudes
prescrites (1). Il groupait fréquemment ses figures

_____

(1) Les modèles romains sont encore célèbres pour le
talent avec lequel ils imitent les attitudes des statues
antiques, et même les figures des tableaux les plus
célèbres ; dans ce dernier cas, ils donnent à leurs phy-
sionomies une ressemblance frappante avec celles du
tableau. La profession de modèle n'est point humiliante
à Rome ; Saverio Scaccia, le modèle dont Canova se sert

avant de les peindre, pour acquérir une connaissance parfaite de leurs véritables formes, et l'on
sait qu'il a formé aussi des groupes d'après des
tableaux célèbres, et en particulier, quelques
beaux enfans d'après un tableau du Titien, que
l'on voyait alors à la villa Ludovisi, et qui depuis
a été transporté en Espagne.

Pour se former un style à lui, tant pour la
manière que pour le coloris, il se mit à copier
de bons tableaux de différens maîtres; il avait
déjà imité le Titien d'après un groupe, il copia
le tableau même qui lui avait servi de modèle
et que l'on voit au palais Ludovisi. Pendant
quelque temps il paraissait disposé à imiter le
coloris éclatant de ce maître; mais il abandonna
bientôt cette méthode pour revenir à la manière austère et grande dont il avait fait choix.
Comme l'on découvrit à cette époque, dans les
bains de Titus (1) et ailleurs, plusieurs tableaux

---

le plus souvent, est un véritable petit-maître dans son
genre; il est très fier de sa beauté, et de la grâce avec
laquelle il preud toutes les expressions ainsi que toutes
les attitudes. Il est en même temps bon père et bon mari,
actif, et toujours prêt à obliger dans sa profession.

(1) *Voyez* Bartholi, *Pitture antiche*, et aussi son
Admiranda, pour le Coriolan, etc. etc. des bains de
Titus, et pour les belles peintures qui ornaient le tom-
beau de la famille Naso.

antiques, il les étudia avec soin ; et vers le
même temps il fit cette copie du tableau connu
sous le nom de Mariage Aldobrandini, que
l'on voit actuellement au palais Doria à Rome.

Les tableaux historiques des anciens ressemblent plus à des sculptures coloriées qu'à des
tableaux. Leurs paysages offrent différens plans
et des essais de perspective qui suffisent pour
nous faire juger que ce dernier art ne leur était
pas inconnu ; mais les débris de leurs ouvrages
qui sont parvenus jusqu'à nous ne peuvent nous
faire connaître le degré de perfection qu'ils
avaient atteint dans cette partie : nous devons
donc accorder quelque confiance à ce qui nous
est rapporté par les anciens écrivains sur l'état
de la peinture aux siècles où ils vivaient. Ils
parlent continuellement des illusions produites
par leurs peintres ; or, comme il ne peut y
avoir d'illusion produite là où la perspective des
formes et des ombres n'est pas observée, nous
devons conclure qu'ils en connaissaient les
règles. Démocrite et Anaxagore parlent tous
deux de l'artifice au moyen duquel on représente
sur une surface plane, des objets qui paraissent
avancer et reculer, et Vitruve (1) nous parle avec
admiration des décorations d'un théâtre qu'on

_____

(1) *Voyez* la traduction de Vitruve par Perrault.

avait fait paraître grandes et étendues au moyen
de colonnes et de dômes peints. Mais il ne paraît
pas que l'art de la perspective fût généralement
employé dans la composition des tableaux historiques, qui ressemblent à des bas-reliefs; autant du moins que nous pouvons en juger d'après
les morceaux qui nous restent (1). Le Poussin a
imité jusqu'à un certain degré ce genre antique,
mais il a orné les tableaux de seconds plans habilement entendus, et dans lesquels les figures
conservent encore quelque chose de la manière
antique. On peut donner au Poussin le nom de
peintre des sculpteurs, car ils étudient et adop-
tent ses compositions, et, par un juste retour,
ils lui rendent ainsi l'honneur et l'admiration
qu'il accordait à leur art. Le Poussin était d'avis
qu'une attention trop servile pour le coloris
« devait mettre obstacle aux progrès d'un élève
« vers le grand but auquel il doit tendre, c'est-

---

(1) C'est particulièrement le cas du *Mariage Aldobrandini*. On trouve plus d'art pour la disposition des
groupes, dans l'*Oreste découvert par la lecture de la
lettre*, que l'on voit parmi les tableaux conservés à Her-
culanum; Le *Thésée* semble avoir été composé sur les
mêmes principes que le *Laocoon*; il est nu, et d'une
taille héroïque; les jeunes gens qui embrassent ses pieds
et ses mains sont dans une proportion aussi petite que
celle des fils de Laocoon.

« à-dire la perfection du dessin, et il pensait
« que celui qui s'efforce uniquement d'y atteindre
« peut toujours acquérir par la pratique une
« bonne manière de coloris. » Il est vrai de dire
que dans quelques-unes de ses compositions la
perfection du coloris montre assez qu'il aurait
excellé dans cette partie s'il en avait fait l'objet
essentiel de ses études, et il est probable que la
plupart de ses tableaux étaient plus frais que
nous ne les voyons; car il avait l'habitude de se
servir d'une première teinte d'un brun rougeâtre
qui perce souvent et détruit le ton, tandis que
d'autres qu'il a peints sur une teinte blanche ont
conservé leur éclat primitif, en particulier le
tableau de *Moïse frappant le rocher*, qu'il avait
peint pour Stella, artiste français et son ami
intime, qu'on a mal à propos appelé son élève;
car il n'avait que deux ans de moins que le
Poussin, et celui-ci n'a jamais reçu d'élèves.
Stella était né à Lyon et eut son père pour
maître (1); il résida quelques années à Rome,
et ce fut là que le Poussin renoua avec lui une
liaison commencée à Lyon dans ses jours d'in-
fortune; il fit tout ce qu'il put pour faciliter les

---

(1) Quelques écrivains rapportent cependant que le
père de Stella mourut deux ans après la naissance de son
fils.

études de Stella, en reconnaissance de la bienveillance avec laquelle il en avait été reçu à Lyon,
et Stella prit assez de sa manière pour qu'on ait
attribué au Poussin quelques-unes de ses compositions, mais on peut leur reprocher une fai-
blesse qui distingue assez les ouvrages de Stella
de ceux de son illustre ami. (1)

Le Poussin assigne le premier rang à l'expression, après la pureté du dessin et la dignité de
la composition, et sous ce rapport, il plaçait le
Dominiquin à côté de Raphaël. Peu après son
arrivée à Rome il copia la *Flagellation de saint
André*, peint par le premier de ces deux maîtres,
pour l'église de San-Gregorio. On sait que le
Dominiquin peignit ce tableau en concurrence
avec le Guide, et que les deux ouvrages sont

---

(1) Lorsque Stella passa à Florence en allant à Rome,
le grand-duc Cosme, frappé du mérite de quelques-unes
de ses compositions, le retint à son service, il contribua
à l'embellissement des palais ducaux ; cependant, en
1623, il reprit son premier projet d'aller étudier à Rome ;
il fut peu de temps après mis en prison, à la suite de
quelques folies de jeunesse ; il en sortit pour accompagner
le maréchal de Créqui à Paris, avec l'intention de se
retirer à Lyon et d'y peindre le reste de sa vie ; mais
lorsque le Poussin refusa la place de peintre de Louis XIV,
Stella fut appelé à la cour, cette place lui fut accordée,
et il fut peu après créé chevalier par le roi. Son tableau
de l'*Idolâtrie de Salomon* se voit à Houghton.

placés vis-à-vis l'un de l'autre dans cette église
où l'on voyait les portraits du père et de la mère
de saint Grégoire, qui passent pour les plus
anciens monumens de l'art de la peinture chez
les modernes (1). Le Poussin trouva tous les
élèves alors à Rome, occupés à copier le tableau
du Guide, qui renferme peut-être moins de défauts que celui de son rival, mais qui est loin
d'avoir son expression et son caractère éner-
gique. Il était trop sûr de son goût pour être
entraîné par la foule, et il dirigea toute son
attention vers la *Flagellation* (2). Le Dominiquin, que le Poussin croyait mort, et dont la
santé était très dérangée, ayant appris qu'un
jeune Français faisait des études soignées d'après
ses tableaux, se fit transporter à l'église, et lui
parla quelque temps sans se faire connaître. Le
résultat de cette entrevue fut honorable pour
les deux peintres : dès ce moment le Poussin

(1) *Voyez* Gibbon, *Décadence et chute de l'empire
romain.*

(2) Comme le Dominiquin n'avait jamais peint à
fresque, cela peut justifier la préférence donnée au
Guide ; mais outre la *Flagellation ; l'Histoire de sainte
Cécile,* dans l'église de Saint-Louis des Français, à
Rome, et le *Petit Démoniaque* peint en concurrence
avec Raphaël à la Grotta Feratta, justifient suffisamment
l'admiration du Poussin.

passa une grande partie de son temps avec le Dominiquin; il gagna son amitié, étudia dans son atelier, et profita de ses conseils jusqu'au fatal voyage que ce grand peintre fit à Naples, pour y peindre la chapelle de saint Janvier dans la cathédrale. Les tableaux d'autel et les compartimens dont les sujets sont les miracles opérés par le saint, sont des monumens brillans du talent de ce peintre. Un seul tableau d'autel est de l'Espagnolet; celui que le Dominiquin y destinait était à peine ébauché lorsqu'il mourut, victime, à ce qu'on rapporte, d'un empoisonnement.

Mais si les avis et l'exemple du Dominiquin furent profitables au Poussin, le bon goût et le sens droit et inflexible de celui-ci ne contribuèrent pas moins à la gloire du premier, qui était à cette époque tellement persécuté et écrasé par les partisans du Guide, que son fameux tableau de la *Communion de saint Jérôme* avait été arraché de sa place, dans l'église de *San-Girolamo della Carita*, et relégué dans un grenier, où il demeura dans l'oubli. Les moines dont cette église dépendait, désirant avoir un nouveau tableau d'autel, demandèrent au Poussin de s'en charger, et lui envoyèrent le tableau du Dominiquin, comme de la vieille toile pour peindre dessus. Notre peintre l'eut à peine regardé, que frappé de son mérite transcendant, il le reporta à l'église d'où il avait été arraché, et en fit le sujet d'une leçon publique, dans laquelle il osa le comparer à la *Transfiguration*; et, assimilant à ces deux tableaux la *Descente de Croix* de Daniel de Volterra, il les proclama les trois chefs-d'œuvre de l'école romaine; répondant ensuite à l'accusation qu'on avait faite au Dominiquin, d'avoir conçu son tableau d'après une esquisse des Carrache, représentant le même sujet, il prouva que les Carrache n'avaient jamais achevé leur tableau; et comme il avait été changé et perfectionné dans tous les détails, on ne pouvait condamner le Dominiquin sur ce motif, car loin de faire tort aux premiers, en s'appropriant leur invention, il avait montré, au contraire, quel noble parti on en pouvait tirer, puisqu'elle lui avait fourni le sujet d'un des plus beaux tableaux du monde. Son auditoire n'avait besoin que d'être ému par un critique ferme et de bon jugement; les charmes séduisans mais plus faibles de l'école rivale furent estimés à leur juste valeur; et dès ce moment, le Dominiquin fut placé au rang qu'il méritait parmi les grands peintres de l'Italie. (1)

---

(1) *Voyez* les dernières pages de la cinquième Leçon de Fuseli, qui renferme une critique juste et animée de ces deux tableaux. Celui des Carrache est maintenant

Au moment où le Poussin était arrivé en Italie, les écoles étaient divisées par la jalousie et les factions les plus cruelles ; l'âge d'or de la peinture avait disparu avec Raphaël et Michel-Ange ; cet art s'était reproduit sous un aspect nouveau et charmant, au milieu des Carrache, des imitateurs du Corrège et de leurs élèves. Parmi ces derniers, deux des plus célèbres, le Dominiquin et le Guide, se partageaient la faveur du public ; et les partisans de ce dernier se portaient à de telles violences, que l'on a généralement attribué la mort du Dominiquin au poison que lui aurait donné Lanfranc, lors du voyage à Naples dont nous avons parlé. Les partisans du Guide étaient les plus nombreux, et cela devait être ; car la grâce et la douceur, qui plaisent tant dans ses ouvrages, frappent davantage, et sont plus faciles à imiter que les beautés plus relevées du Dominiquin. Tant que vécut le cardinal Montalte, ce parti fut contenu, et resta dans les bornes de la modération ; ce prélat éclairé connaissait le mérite des deux écoles, et en mettait les talens à profit ; mais après sa mort, le cardinal del Monte favorisa ouvertement les ennemis du Dominiquin, et

---

dans la galerie de l'académie de Bologne, et celui du Dominiquin, au Vatican.

pendant plus de trente ans, les annales de la peinture furent souillées par les excès les plus honteux.

La prudence du Poussin l'empêcha de prendre part aux querelles de ces artistes rivaux; et, bien qu'il donnât ouvertement la préférence au Dominiquin, il remarquait ce qui était bien chez les autres peintres, et savait ainsi tirer quelque avantage de tous. Il traitait avec dédain ceux qui se contentaient d'imiter la nature vulgaire; il avait coutume de dire de Caravaggio même, « qu'il était venu au monde pour détruire la « peinture; » il n'avait lui-même en vue que le sublime, et pour atteindre ce but il néglige souvent le coloris, la lumière et les ombres. En effet, dans plusieurs de ses tableaux on ne voit point d'où part la lumière. « Ses figures, dit « Reynolds, sont souvent trop dispersées, et il « ne cherche pas assez à les grouper; mais elles « servent toujours à faire comprendre son in- « tention et à donner de la force à l'expression; « et de même qu'il n'introduit rien dans le seul « but d'embellir ou d'orner, il ne néglige rien « de ce qui peut relever la dignité, et faire sentir « la passion. »

La réputation de notre peintre s'était accrue peu à peu, et ses aimables qualités lui avaient procuré l'amitié et la protection de plusieurs

personnes distinguées, et surtout de la famille
del Pozzo, dont plusieurs individus avaient du
goût pour les beaux-arts, et particulièrement
pour ceux qui tiennent à l'antique. Le chevalier
del Pozzo (1) avait été employé par la famille
Barberini pour surveiller les excavations et les
recherches qu'elle avait entreprises dans son fief
de Palestrine (l'ancienne Préneste), qu'elle avait
acheté depuis peu des Colonna, dans une vente
forcée. Le célèbre pavé en mosaïque de Préneste
avait été dessiné sur six feuilles, et présenté
par del Pozzo à la bibliothèque Barberini, à
laquelle le Poussin avait accès, et l'on retrouve
dans plusieurs de ses compositions des preuves
de l'utilité dont lui fut ce précieux débris. Dans
son *Repos de la Sainte-Famille en Égypte*, il a

---

(1) Caziano del Pozzo, depuis commandeur. — On lit
la notice suivante dans les *Mémoires de Pietro-Santo
Bartoli* : « Vers le même temps, en creusant à SS. Pietro
« et Marcellino, on trouva un temple égyptien dont les
« figures furent dessinées par ordre du chevalier C. del
« Pozzo, le Mécène de son temps ; sans lui, ces monu-
« mens et plusieurs autres auraient été perdus. »
Une branche de la famille del Pozzo était établie à
Turin du temps du Poussin, et il est à remarquer que
parmi les derniers bons artistes de l'Italie on cite une
dame nommée del Pozzo de Turin ; Lanzi regrette de ne
pas connaître sa famille.

introduit une tour et une procession, emprun-
tées, avec peu de changemens, à la mosaïque; et
dans son *Moïse sauvé*, la chasse au rhinocéros qui
occupe le second plan est tirée de la même source.

La mosaïque est l'ouvrage d'artistes grecs, et
nous offre des scènes de l'Afrique, quoiqu'il soit
encore douteux si elle représente une chasse, le
triomphe d'Alexandre, l'histoire d'Hélène et de
Ménélas, ou celle d'Isis et d'Osiris. Les temples
et les constructions sont d'une architecture grec-
que; ce qui peut justifier le Poussin d'avoir introduit des temples de ce genre dans des scènes
égyptiennes, ou tout au moins expliquer cette introduction. Cette mosaïque fut placée par Sylla
dans le temple de la Fortune, dont on voit
encore les fondemens, qui étaient mieux conservés au temps du Poussin.

Jusqu'au règne de Boniface VIII la partie supérieure du temple demeura intacte; les restaura-
tions qu'on tenta d'y faire lors de l'acquisition qu'en
firent les Barberini, durent être bien connues du
Poussin, car nous voyons la construction semi-
circulaire du temple introduite dans plusieurs
de ses paysages sans changemens notables (1);

_____

(1) Peut-être cette construction est-elle celle d'une
des extrémités du Vatican, imitée de celle de Palestrine.
(*Voyez* l'*Histoire de Préneste*, par Suarès.)

mais le grand pavé ne fut pas la seule mosaïque
découverte à cette époque à Palestrine ; on trouva
dans un jardin voisin un très beau groupe représentant *Europe enlevée par le taureau du
milieu de ses compagnes, qui se désolent sur le
rivage et la supplient de revenir;* il fut transporté au palais Barberini à Rome (1). On avait
découvert peu de temps auparavant dans le
jardin de ce palais une peinture antique fort
curieuse ; c'est un paysage avec assez d'architecture : la planche qu'on en peut voir dans les
Pitture antiche de Bartoli, montre tout le parti
que le Poussin en a su tirer.

Le Poussin avait alors pleine liberté de travailler dans le musée Barberini, qui renfermait

---

(1) Palestrine étant le premier endroit où l'art de la
mosaïque ait été employé en Italie, a conservé la réputation de fournir les meilleurs ouvriers pour les travaux
de ce genre. Au temps dont nous nous occupons, Fabio
Christofori, natif de cette ville, était très célèbre ; il
exécuta plusieurs mosaïques dans les églises de Rome,
en particulier celles de Saint-Pierre, au Vatican ; son fils
Pietro Paolo lui succéda, et fut créé chevalier par Clé-
ment XI pour son talent distingué : il a fondé l'école de
mosaïque, qui a imité avec tant de succès les plus sublimes productions du pinceau, et qui a imprimé le sceau
de la durée aux couleurs périssables des plus grands
artistes.

plusieurs morceaux précieux de l'art antique, et
une collection de tableaux choisis dont plusieurs
sont maintenant en Angleterre. Cette galerie
était alors riche en pierres précieuses, en ca-
mées et en statues. Entr'autres choses remarquables pour leur beauté ou leur rareté, elle
possédait le superbe vase, maintenant au *Bri-
tish Museum*, connu sous le nom de vase de
Portland. Il avait été trouvé dans un tombeau
nommé *Monte di Grano*, sur la route de Rome
à Frascati. On a cru pendant long-temps qu'il
était d'une seule pierre précieuse, mais on est
assuré maintenant qu'il est en verre; les figures
en relief d'un blanc mat semblent plutôt avoir
été ciselées que moulées: sir W. Hamilton l'ap-
porta en Angleterre il y a trente ans; il fut
acheté par la duchesse de Portland, et placé au
musée britannique en 1810 par le duc de Portland. Kircher, qui était contemporain du Poussin, et qui suivait avec beaucoup d'ardeur la
recherche des antiquités, fit connaître plusieurs
trésors enfouis; le beau vase gravé qu'il plaça
au collége des Jésuites, méritait à lui seul une
étude particulière. Le pavé Prénestin, trop
considérable pour être porté à Rome, fut transporté avec soin, de l'écurie où il fut découvert,
dans une salle du palais Barberini à Palestrine,
et un dessin correct de ce beau morceau fut

déposé dans la bibliothéque du cardinal à Rome. Dans le même temps on rassembla avec soin d'autres mosaïques et d'autres tableaux. L'antique honneur de Rome, cette flamme presque éteinte, qui depuis tant de siècles vacillait au milieu des ruines, semblable à ces feux légers qui brillent quelquefois sur les tombeaux, s'était ranimée à cette époque, et il n'est pas étonnant que le Poussin ait pris pour guide cette lumière divine.

Un événement peu important qui eut lieu à cette époque, contribua probablement à affermir la résolution qu'avait prise le Poussin de passer le reste de sa vie à Rome. La cour de France était alors brouillée avec le saint-siége; les soldats de sa sainteté étaient très montés contre les Français; partout où ils en rencontraient ils les attaquaient avec des bâtons et des pierres, quelquefois même avec des armes plus dangereuses. Un jour que le Poussin revenait chez lui avec trois ou quatre compatriotes au retour d'une course de peinture, il fut rencontré aux Quattro Fontane, près de Monte Cavallo, par une troupe de soldats qui, voyant l'habit français, les attaquèrent immédiatement; les compagnons du Poussin l'abandonnèrent, et celui-ci ayant été entouré, reçut un coup de sabre entre le premier et le second doigt. Passeri, qui rapporte ce fait

ajoute « qu'heureusement le sabre tourna dans
« la main de l'assaillant, et qu'autrement l'art
« de la peinture aurait éprouvé un grand échec. »
Sans se laisser effrayer, le Poussin se défendit en
se faisant un bouclier de son portefeuille, et
jetant des pierres en se retirant, jusqu'à ce
qu'avec l'aide des passans il pût fuir vers son
logis. De ce jour il porta l'habit romain, il adopta
les mœurs romaines, et regarda bientôt Rome
comme sa véritable patrie.

Le cours d'études fatigantes qu'il avait entre-
pris fut alors interrompu par une longue maladie qui lui interdit tout travail, et lui fit sentir
de nouveau le poids de la pauvreté. Nous pouvons en juger par la lettre suivante adressée au
commandeur del Pozzo :

« Peut-être me trouverez-vous bien importun
« lorsque après avoir reçu tant de faveurs de votre
« famille, je vous écris encore, et toujours pour
« vous faire quelques demandes; mais comme je
« sais que ce que vous avez fait pour moi est la
« conséquence de votre naturel bon, généreux
« et compatissant, je prends la liberté de vous
« écrire derechef, ne pouvant me présenter chez
« vous à cause de la maladie dont je suis atteint,
« et je vous supplie de m'envoyer quelques se-
« cours dont mes infirmités me font un pressant
« besoin, n'ayant d'autre ressource que mon

« travail. J'ai fini l'Éléphant (1) que vous parais-
« siez désirer; il porte un Annibal armé à l'an-
« tique : je pense chaque jour aux ouvrages que
« vous m'avez commandés; j'en terminerai bien-
« tôt quelques-uns.

Votre très humble serviteur,

PUSSINO.

En réponse à cette lettre il reçut quarante
écus; mais comme sa maladie continuait et semblait s'aggraver, il conservait peu d'espoir de
rétablir sa santé, lorsqu'un de ses compatriotes,
Jean Dughet (2), qui était cuisinier du sénateur

---

(1) C'est probablement l'Éléphant du jardin Borghèse
qu'il a introduit dans le *Repos en Égypte*.

(2) Dans les *Mémoires de Santo Bartoli*, publiés
par Fea, n° 82, on lit l'anecdote suivante sur Dughet :
« Quasi chi contiguo a Capo di Bove, alla mano dritta,
« in tempo d'Urbano VIII, furono carcerati molti curiosi
« de' tesori, i quali trovarono una stanza con molti
« ornamenti di argento : ma fattogli la spia poco la go-
« derono, che la più parte fu messa nelle carceri; solo
« ne fu esente il suocero di monsù Possino, e padre di
« Gaspro famoso paisista, in riguardo che serviva di
« cuoco il senatore. » Féa pense que c'est le même événement dont il est fait mention par Flaminio Vacca,
n° 81; mais cela ne peut être, car le récit de Vacca fut
publié en 1594, qui est l'année de la naissance du Poussin. Vacca rapporte que quatre hommes s'occupèrent

romain, le tira de son misérable logement pour
le recueillir dans sa maison, où, de concert avec
sa femme, ils le soignèrent comme leur propre
fils. Sous ce toit hospitalier il recouvra la santé,
et six mois après il épousa leur fille Marie Dughet : ils n'eurent pas d'enfans, mais le Poussin
adopta Gaspard, frère de sa femme, jeune homme
qui avait dix-sept ans de moins que lui, et à qui
il donna son nom. Gaspard a suivi ses traces
comme peintre de paysage, avec un succès remarquable. Le Poussin employa une partie de
la dot de sa femme à acquérir une petite maison
sur la Trinité du Mont, autrefois le mont Pin-
cianus, situation admirable pour un peintre, et
d'où l'on découvre les plus beaux aspects de

---

pendant plusieurs nuits à faire des fouilles dans le cirque
de Caracalla, qu'ils se cachaient dans les ruines pendant
le jour, et qu'à la nuit ils se rendaient dans une petite
auberge, près de Capo di Bove ; là ils soupaient, et allu-
maient leurs lanternes ; un seul d'entre eux portait toujours la parole ; cette circonstance excita la curiosité de
leur hôte, qui les surveilla, et qui ayant découvert leur
occupation, en prévint le gouvernement. Ces gens se
voyant découverts, abandonnèrent leurs recherches, et
on n'en entendit plus parler. Suivant l'opinion la plus
généralement répandue à Rome, les trois hommes silen-
cieux étaient des Goths venus du Nord, sur la foi d'une
ancienne tradition, pour chercher un trésor caché.

Rome (1). Ce fut là qu'à l'exception du temps
que lui prit son voyage de Paris, le Poussin
passa le reste de sa vie, partageant son temps
entre le travail et la société de ses amis.

Vers ce temps le cardinal Barberini revint de
sa légation en France et en Espagne, et se rappelant les promesses qu'il avait faites à Marini
en faveur du Poussin, il lui témoigna beaucoup
de bienveillance, lui donna de l'occupation, et
obtint même qu'il fût chargé de peindre l'original d'un des tableaux que l'on devait exécuter en
mosaïque pour l'église de Saint-Pierre. Le sujet
est le *Martyr de saint Érasme.* C'est le seul de ses
ouvrages auquel il ait mis son nom, et il le fit
pour empêcher, disait-il, *que les ignorans ne
confondissent sa faible production avec les ouvrages des grands maîtres qui ont orné ce superbe
edifice.*

Un des tableaux les plus remarquables qu'il
ait peints pour le cardinal Barberini, est la *Mort
de Germanicus,* sujet plein d'intérêt et admirablement traité. On peut trouver que Germanicus

(1) La maison à côté était celle de Salvator Rosa ; en
face étaient celles de Claude Lorrain et des Zuccheri;
dans cette dernière, sous la protection de M. Bertholdy,
les artistes allemands ont fait renaître avec un grand
succès l'art de la peinture à fresque.

ressemble trop à un mourant ordinaire (1); peut-
être y a-t-il trop d'abattement et de souffrances
physiques pour la mort d'un héros romain; mais
tous les personnages qui l'entourent, leur expression, et les accessoires sont dans le meilleur
style de composition. Ce tableau, qui est encore
à Rome au palais Barberini, est devenu très
sombre, et il est mal placé dans une chambre
tendue de satin jaune, où l'on voit aussi une
très belle esquisse du Poussin représentant une
bacchanale.

L'amitié du commandeur del Pozzo procura
au Poussin un libre accès aux bibliothéques publiques et aux collections de médailles et de manuscrits; cet homme généreux chercha, par
les moyens les plus délicats, à augmenter la fortune et à étendre la réputation de son protégé;
il l'engagea à déchiffrer les difficiles manuscrits
de Léonard de Vinci qui se trouvaient à la bibliothéque Barberini. C'est à ce travail, pour
l'intelligence duquel le Poussin fit plusieurs des-

---

(1) Le Poussin, qui visait à exprimer et à exciter les passions, aimait les circonstances touchantes qui entourent
un lit de mort; les succès qu'il obtint dans la *Mort de
Germanicus*, la *Mort d'Eudamidas*, le *Sacrement de
l'Extrême-onction*, justifient le choix de tels sujets,
même sans avoir recours à l'exemple du peintre ancien
qu'il avait coutume de citer.

sins, que nous devons la publication de *l'Art de la peinture* par ce grand homme. Notre artiste ne fut point ingrat, il peignit plusieurs tableaux pour le commandeur del Pozzo, et entre autres la première et la plus petite suite des tableaux représentant les *Sept Sacremens* (1); il dessina ensuite pour lui plusieurs des antiquités de Rome, et peignit pour le marquis Amédée del Pozzo de Turin, le *Passage de la mer Rouge*, et l'*Adoration du veau d'or dans le désert*. Le premier de ces tableaux renferme un très grand nombre de figures, dont la plupart sont en mouvement, et toutes paraissent si attentives au miracle, que la négligence dans les groupes semble être une conséquence naturelle et presque nécessaire de la confusion causée par cet événement miraculeux. Peut-être que la principale figure, celle de Moïse étendant la main sur la mer, est trop éloignée du centre du tableau; mais si elle eût été placée autrement, le Poussin n'aurait pu faire opposition à la foule des Israélites qui occupent un des côtés, qu'en employant quelques moyens forcés auxquels son bon goût répugnait.

Il existe sur le sujet du *Veau d'or* deux tableaux du Poussin entièrement différens l'un de l'autre,

---

(1) Appartenant maintenant au duc de Rutland, et provenant de la collection de Bocca Paduli, à Rome.

mais qui portent également l'empreinte de la
connaissance approfondie qu'il avait des rites du
culte antique ; il s'est même approprié, pour ces
tableaux, des figures antiques, qui font un très
bon effet (1). Il est vrai que les sujets dans lesquels il excelle sont la représentation des danses,
des triomphes et des fêtes des anciens.

En 1638, le cardinal de Richelieu, qui proté-
geait et encourageait les beaux-arts (si ce n'est
par goût au moins par vanité), suggéra à Louis XIII
le désir d'achever le Louvre, de restaurer et
d'embellir les palais royaux, de les orner de
tableaux ; en un mot, d'accomplir les magnifi-
ques projets de François 1er. A cette époque, la
réputation du Poussin était si grande, qu'il fut
immédiatement désigné comme l'homme le plus
capable d'exécuter la plus grande partie de ces

------

(1) Le premier tableau du *Veau d'or,* dans lequel les
danseurs entourent l'image, a été gravé par Puilly. Le
second, où le peuple l'adore à genoux, et où un jeune
prêtre brûle le gâteau sacré, a été gravé deux fois par
Bouclet et par Deel ; la figure de ce prêtre est tirée d'un
bas-relief antique, autrefois à la Villa Borghèse ; il n'y
a fait d'autre changement que celui du sexe, mais il a
conservé l'attitude, le mouvement et le costume. (*Voyez*
l'*Admiranda* de Bartoli.) Richardson vit ce tableau dans
la collection de Flinck, à Rotterdam ; il en fait un grand
éloge.

plans, et de surveiller le reste; en conséquence, le cardinal lui fit écrire par plusieurs personnes de distinction qui l'avaient connu à Rome, pour l'engager à quitter cette ville, et à venir s'établir à Paris; mais il était trop attaché à sa tranquille demeure, aux usages et aux mœurs de son pays adoptif pour qu'il fût facile de l'en arracher, et ce ne fut qu'au commencement de l'année 1639, après que Louis XIII l'eut nommé son premier peintre, qu'il se décida à accepter les offres de la cour de France. Monsieur de Noyers, secrétaire d'état et surintendant des bâtimens, qui le pressait de se rendre à Paris, lui écrivit comme suit, dans les termes les plus flatteurs:

MONSIEUR,

« Lorsque le Roi me fit l'honneur de me nom-
« mer surintendant de ses bâtimens, j'eus aus-
« sitôt le désir de faire usage du pouvoir que
« cette place m'accorde, pour remettre en hon-
« neur les arts et les sciences; et comme j'ai un
« goût très vif pour la peinture, j'ai résolu de
« la courtiser comme une maîtresse chérie, et
« de lui donner les prémices de mes soins. Vos
« amis de ce côté des Alpes vous auront appris
« que je les avais priés de vous écrire de ma
« part, et de vous dire que je demandais justice

« à l'Italie, pour qu'au moins elle nous restituât
« notre bien qu'elle garde depuis tant d'années,
« et que pour nous dédommager complétement,
« elle nous envoyât de plus quelqu'un de ses en-
« fans. Vous comprenez aisément que par là je
« redemandais M. Poussin et quelque autre bon
« peintre italien ; et pour marquer encore plus
« fortement l'estime que le Roi vous porte ainsi
« qu'à tous les hommes rares et vertueux qui
« vous ressemblent, je vous fis écrire une lettre
« que je confirme par celle-ci, pour garantir la
« promesse qui vous a été faite, jusqu'au jour où
« je pourrai mettre entre vos mains le brevet et
« la commission du Roi. Vous apprendrez par
« les mêmes lettres, que je vous envoye mille
« écus pour les dépenses de votre voyage,
« que vous recevrez chaque année une pareille
« somme, que vous aurez un appartement au
« palais, soit au Louvre, soit à Fontainebleau,
« comme cela vous conviendra, que je le ferai
« bien meubler avant votre arrivée ; mais ce
« dernier article est à votre choix. Vous ne
« peindrez point en plafonds ni en voûtes ; et,
« suivant votre désir, vous ne serez engagé que
« pour cinq ans : j'espère cependant que lorsque
« vous aurez respiré l'air natal, vous le quitte-
« rez avec peine. Vous voyez clairement quelles
« sont les conditions qu'on vous propose ; il m'en

« reste une à vous faire savoir, c'est que vous
« ne pourrez peindre pour personne sans ma
« permission, car je vous fais venir pour le Roi,
« non pour des particuliers; ce que je ne vous
« dis pas pour vous exclure de les servir; mais
« j'entends que ce ne soit que par mon ordre.
« Surtout venez en bonne disposition, et soyez
« assuré que vous trouverez ici plus de plaisir
« que vous ne le croyez. »

Signé DE NOYERS.

De Ruel, le 14 janvier 1639.

LETTRE DU ROI AU POUSSIN.

« Cher et bien-aimé. Nous ayant été fait rap-
« port par aucuns de nos plus spéciaux servi-
« teurs, de l'estime que vous vous êtes acquise
« et du rang que vous tenez parmi les plus fa-
« meux et les plus excellens peintres de toute
« l'Italie, et désirant, à l'imitation de nos pré-
« décesseurs, contribuer autant qu'il nous sera
« possible à l'ornement et à la décoration de nos
« maisons royales en appelant auprès de nous
« ceux qui excellent dans les arts, et dont la suf-
« fisance se fait remarquer dans les lieux où ils
« semblent le plus chéris; nous vous faisons
« cette lettre pour vous dire que nous vous avons
« choisi et retenu pour l'un de nos peintres
« ordinaires, et que nous voulons dorénavant

« vous employer en cette qualité. A cet effet,
« notre intention est que la présente reçue vous
« ayez à vous disposer de venir par-deçà, où
« les services que vous me rendrez seront aussi
« considérés que vos œuvres et votre mérite le
« sont dans les lieux où vous êtes. En donnant
« ordre au sieur de Noyers, conseiller en notre
« conseil d'état, secrétaire de nos commande-
« mens, et surintendant de nos bâtimens, de
« vous faire plus particulièrement entendre le
« cas que nous faisons de vous, et le bien et
« avantage que nous avons résolu de vous faire.
« Nous n'ajouterons rien à la présente que pour
« prier Dieu qu'il vous ait en sa sainte garde.
« Donné à Fontainebleau, le 15 janvier 1639. »

Il paraît étonnant que près de deux ans se
soient écoulés entre la date de ces lettres et
l'arrivée du Poussin à Paris ; mais sa répugnance
à quitter sa demeure était si grande, qu'il aurait
probablement tardé encore plus long-temps si
on n'avait envoyé à Rome, pour le chercher, un
de ses intimes amis, M. de Chantelou, qui avait
une place dans la maison du roi. Ce gentilhomme,
grand amateur de peinture, n'eut pas plutôt vu
la suite des *Sept Sacremens*, appartenant au
commandeur del Pozzo, qu'il supplia le Poussin
d'obtenir du propriétaire la permission de les

faire copier, en laissant le choix de l'artiste au Poussin, s'il ne voulait lui-même entreprendre cette tâche ; et le commandeur se souciant peu de les confier à un autre artiste, le Poussin préféra recommencer sur nouveaux frais, plutôt que de copier servilement son propre ouvrage ; cependant il n'exécuta ces tableaux que quelques années après, et produisit une nouvelle suite différente de la première pour la composition. Ces derniers tableaux appartiennent maintenant au marquis de Stafford; ils étaient ci-devant à la galerie d'Orléans. Monsieur de Chambray a dit, en parlant de ces deux suites : « On demande « souvent aux voyageurs si les *Sept Sacremens* « de Rome sont plus beaux que ceux du Palais-« Royal. Cette question est trop vague pour « qu'on y puisse répondre. Ces compositions « sublimes ont des variétés, des avantages et de « légères imperfections qui se balancent mu-« tuellement. On reproche à ceux de Rome leur « coloris défectueux et la dureté de l'exécution; « mais par la délicatesse de la conception, et la « beauté de l'expression, ils compensent ce qu'ils « perdent sous d'autres rapports, lorsqu'on les « compare à ceux de France. » (1)

_____

(1) Richardson, qui les admirait toutes deux beaucoup, préfère la petite suite, sous tous les rapports.

Tandis que le Poussin renvoyait son départ pour Paris, et ajoutait par là à l'impatience qu'on avait à la cour de le voir arriver, il accroissait sa réputation, car l'un des tableaux qu'il peignit dans cet intervalle fut celui des *Israélites recueillant la manne dans le désert,* destiné à M. de Chantelou; il décrit ainsi son ouvrage dans la lettre suivante adressée à Stella : « J'ai « imaginé pour le tableau de M. de Chantelou « une distribution des parties et de certains acci- « dens naturels, qui montrent la misère et la « famine qui accablaient le peuple d'Israël, ainsi « que la joie et les transports qui y succèdent; « l'admiration dont ils sont saisis, le respect et « la vénération qu'ils ressentent pour leur légis- « lateur; et tout cela avec un mélange d'hommes, « de femmes et d'enfans, de figures et d'âges « différens, qui ne déplaira pas, j'espère, à ceux « qui en saisiront l'intention. »

La tradition nous a conservé le jugement que porta sur ce tableau l'Académie royale de peinture de Paris. En 1667, c'est-à-dire trois ans après la mort de notre peintre, le tableau de la *Récolte de la manne au désert* fut donné comme le sujet d'une conférence de l'Académie; plusieurs personnages distingués, des savans et des hommes à talens vinrent entendre cette intéressante discussion, dont résulta la déclaration que cet ouvrage était excellent, et que les proportions des figures étaient comparables à celles des plus belles statues de l'antiquité. On accorda une mention particulière au talent dont le Poussin a fait preuve, en s'appropriant les figures du Laocoon, de la Niobé, du Sénèque, des Lutteurs, de la Diane, de l'Apollon et de la Vénus de Médicis. Peuplant ainsi le désert des formes les plus nobles et les plus belles : ainsi fut sanctionnée publiquement et honorablement l'opinion exprimée par le peintre, dans la lettre ci-dessus rapportée, sur le succès que méritait son tableau.

Au mois de décembre 1640, le Poussin, accompagné de M. de Chantelou, partit enfin pour Paris, emmenant avec lui un frère cadet de sa femme, Jean Dughet (1), en qualité de secrétaire, et laissant sa famille et ses affaires aux soins particuliers du commandeur del Pozzo. Il reçut l'accueil le plus flatteur à la cour de France ; mais le lecteur aura plus de plaisir à entendre son propre récit, et nous le renvoyons à la lettre suivante :

AU COMMANDEUR DEL POZZO.

« Plein de confiance dans la bienveillance que « vous m'avez toujours témoignée, je pense qu'il

----

(1) Dughet était un graveur de quelque mérite.

« est de mon devoir de vous rendre compte de
« l'heureux succès de mon voyage, de ma situa-
« tion présente, et de l'endroit que j'habite,
« pour que vous sachiez, mon cher protecteur,
« où m'adresser vos ordres. Ma santé a été très
« bonne pendant tout le voyage de Rome à
« Fontainebleau ; là je fus honorablement reçu
« par un seigneur que m'envoyait M. de Noyers ;
« je fus ensuite conduit à Paris dans une des
« voitures de ce ministre ; à peine fus-je arrivé
« qu'il vint à moi et m'embrassa d'une manière
« amicale, témoignant un grand plaisir de me
« voir en France. Le même soir je fus conduit
« par ses ordres à l'appartement qui m'était
« destiné ; on peut dire que c'est un petit palais
« situé au milieu du jardin des Tuileries ; il ren-
« ferme neuf chambres distribuées dans trois
« étages, sans parler du rez-de-chaussée, qui se
« compose d'une cuisine, d'une loge de portier,
« d'un vestibule, et de trois chambres destinées
« aux usages domestiques. Il y a en outre un
« grand et beau jardin rempli d'arbres fruitiers
« et de légumes, une jolie plate-bande de fleurs,
« trois petites fontaines, un puits, une très belle
« cour et une écurie ; j'ai une vue superbe de
« mes fenêtres, et je m'imagine qu'en été ma
« retraite doit être un véritable paradis ; je trou-
« vai l'appartement du premier très bien meu-

« blé, et muni de toutes les provisions néces-
« saires, jusqu'à du bois, et un tonneau de vin
« vieux ; pendant trois jours je fus traité, ainsi
« que mes amis, aux frais du roi. Le quatrième
« jour, M. de Noyers me présenta au cardinal,
« qui me prit par la main, m'embrassa, et fut
« en tout d'une affabilité extraordinaire. Quel-
« ques jours après, j'allai à Saint-Germain, où
« M. de Noyers devait me présenter au roi;
« mais ce ministre étant malade, je ne fus pré-
« senté que le jour suivant par M. Le Grand,
« l'un des favoris du monarque. Ce bon et gra-
« cieux souverain daigna m'accueillir avec ami-
« tié, et me fit plusieurs questions pendant la
« demi-heure que je restai auprès de lui ; après
« quoi, se retournant vers sa cour, il dit : « *Je*
« *crois que nous avons joué un bon tour à Vouet.*
« Aussitôt il me donna l'ordre de peindre de
« grands tableaux pour ses chapelles de Fontai-
« nebleau et de Saint-Germain. A mon retour
« chez moi je reçus deux mille écus en or, dans
« une belle bourse de velours bleu, savoir mille
« pour mes appointemens, et mille pour mon
« voyage, sans entrer dans le détail des dépenses;
« et en vérité, l'argent est bien nécessaire dans
« ce pays où tout est fort cher.

« J'ai maintenant tourné toutes mes pensées
« vers les ouvrages que je dois exécuter ; ce sont

« des tableaux, des cartons pour les tentures,
« et plusieurs autres choses; j'aurai l'honneur de
« vous envoyer un échantillon de mes premiers
« travaux comme un juste tribut de ma recon-
« naissance. Dès que mes bagages seront arrivés
« et que je serai délivré de l'inquiétude qu'ils me
« causent, j'espère disposer mon temps de ma-
« nière à pouvoir en consacrer une partie au
« service de votre frère le chevalier.

« Je vous recommande mes petits intérêts do-
« mestiques, puisque vous daignez y veiller pen-
« dant mon absence, qui ne sera pas longue, si
« cela dépend de moi ; et puisque vous êtes
« destiné à me faire éprouver vos bontés, je
« vous conjure de supporter, avec votre patience
« accoutumée, la peine que je vous donne, et de
« vous contenter, en retour, de toute mon affec-
« tion. Puisse le Seigneur vous accorder une
« longue et heureuse vie : quant à moi, je
« suis, etc.

Signé POUSSIN.

Paris, le 6 janvier 1641.

Une autre lettre, écrite le jour suivant, est
conçue en ces termes: « Le respect que j'ai pour
« vous, très honoré et très illustre seigneur, m'a
« déjà porté à vous faire connaître notre heu-
« reuse arrivée à Paris, et la réception pleine de

« grâce que m'a faite M. de Noyers ; le jour sui-
« vant il me présenta au cardinal de Richelieu,
« qui m'a témoigné une bienveillance extraor-
« dinaire ; peu de jours après je dus me rendre
« à la maison de campagne de M. de Noyers,
« pour qu'il me présentât au roi ; mais se trou-
« vant indisposé, il pria M. de Chantelou de me
« conduire à Saint-Germain le lendemain matin.
« Aussitôt après mon arrivée je fus présenté par
« M. Le Grand, favori du roi. La modestie
« m'empêche de vous dire à quel point Sa Ma-
« jesté fut gracieuse pour moi. Enfin nous re-
« tournâmes à Ruel, où je restai assez long-
« temps dans la chambre de M. de Noyers, et il
» m'entretint sur divers sujets, particulièrement
« sur Rome, et les personnes remarquables qui
« s'y trouvent, et se rappelant votre nom, il fit
« l'éloge de vos talens, et témoigna qu'en tout
« temps il tiendrait à honneur de vous être utile.
« Il serait donc convenable que j'eusse un mé-
« moire exact sur vos affaires en Piémont, afin
« que l'on puisse faire quelque chose à cet égard
« lorsque l'occasion s'en présentera. M. de Chan-
« telou ayant fait connaître les bontés que vous
« aviez eu pour son frère et pour lui, a disposé
« le ministre à faire non seulement le peu que
« vous désirez, mais encore à vous donner, du
« moins je me plais à le croire, de plus grandes

« preuves de son estime. On a envoyé à Turin
« une copie du Catalogue des livres de Pirro
« Ligurio, et on attend la réponse. (1)

« Nous attendons à chaque moment nos ba-
« gages, et aussitôt qu'ils seront arrivés je me
« mettrai à travailler à votre petit tableau du
« *Baptême ;* je n'ai pas de plus grand plaisir au
« monde que de saisir les occasions de vous ser-
« vir. Je vous prie de me continuer votre intérêt
« et de croire que je m'estimerai très heureux
« aussi long-temps que vous penserez à moi ;
« qu'enfin je regarde comme une obligation sa-
« crée de prier le ciel pour l'augmentation de
« votre bonheur, etc. »

NICOLAS POUSSIN.

Paris, le 7 janvier 1641.

Peu après l'arrivée du Poussin, le roi voulant
lui donner une marque particulière de son es-

---

(1) Ces livres contenaient des dessins et des descrip-
tions de toutes les antiquités de Rome. Les dessins étaient
des originaux exécutés par Ligurio lui-même ; ils étaient
il y a peu d'années, et sont peut-être encore à la Bibliothèque royale de Turin ; il y en avait aussi une belle
copie à la Bibliothèque du Vatican. Ce Pirro était contemporain de Michel-Ange, et fut employé par Clé-
ment IX.

time, l'éleva au rang de son premier peintre, et
lui conféra le titre de surintendant de tous les
ouvrages de peinture destinés à la restauration
et à la décoration des maisons royales. Ces faveurs furent confirmées par le brevet suivant,
daté du mois de mars 1641.

« Aujourd'hui 20 mars 1641, le Roi étant à
« Saint-Germain-en-Laye, et désirant témoigner
« l'estime particulière et personnelle qu'il a pour
« le sieur Poussin, qu'il a invité à venir d'Italie,
« d'après la connaissance qu'il avait du degré
« d'excellence auquel ledit sieur Poussin était
« arrivé dans l'art de la peinture, perfection
« qu'il a acquise non seulement au moyen des
« études difficiles qu'il a suivies dans les diffé-
« rentes sciences nécessaires à son art, mais en-
« core au moyen des talens naturels que Dieu
« lui a donnés; Sa Majesté l'a choisi et retenu
« pour son premier peintre ordinaire, et en cette
« qualité il lui a donné la direction générale de
« tous les travaux de peinture et d'embellis-
« sement qu'elle pourrait ordonner pour ses
« maisons royales : défendant encore qu'aucun
« des autres peintres puisse exécuter quelque
« ouvrage pour Sa Majesté sans en avoir soumis
« le plan audit sieur Poussin, et reçu ses direc-
« tions et conseils. Et pour lui donner les moyens
« de s'entretenir au service de Sa Majesté, il lui

« a été accordé la somme de trois mille livres
« comme salaire annuel, qui sera payée doré-
« navant par les trésoriers de ses travaux pu-
« blics, chacun dans l'année de son office comme
« de coutume et comme cela a eu lieu cette an-
« née ; et à cet effet, ladite somme de trois mille
« livres sera notée et comptée sous le nom dudit
« sieur Poussin, dans l'état des dépenses desdits
« travaux publics. Sa Majesté a de plus accordé
« au sieur Poussin, la maison et le jardin situés
« au milieu du jardin des Tuileries, qui étaient
« occupés auparavant par le sieur Menou. En
« témoignage de quoi Sa Majesté m'a commandé
« de donner au sieur Poussin ce brevet, qui sera
« signé par Sa Majesté, et contresigné par moi
« son conseiller secrétaire d'état de ses ordon-
« nances et de ses finances, surintendant et
« directeur de ses bâtimens publics. »

LOUIS.

DE NOYERS.

Aussitôt après l'arrivée du Poussin on reprit
avec une activité extraordinaire les projets conçus
par François Ier pour l'encouragement des beaux-
arts. On sait que ce roi s'efforça de fixer à sa
cour quelques uns des premiers artistes de l'Italie.
Léonard de Vinci mourut dans ses bras. Ben-

venuto Cellini, qui lui avait été recommandé
par le poète Alamanni, fut employé à dessiner
des portes, des fontaines, etc. pour Fontainebleau, et plusieurs hommes de génie furent in-
vités à venir s'établir à Paris. Au temps dont
nous nous occupons on fit faire des copies des
statues les plus précieuses et des bas-reliefs de
Rome, ainsi que des plus beaux tableaux de
l'Italie; on avait le projet d'imiter la colonne
Trajane et l'arc de Constantin; mais le plus
magnifique entre ces divers plans, était celui de
couler en bronze les statues colossales de Monte-
Cavallo, et de les placer à la porte du Louvre.

Les premiers travaux du Poussin furent des
cartons qui devaient être copiés en tapisserie pour
la chambre du roi. Les sujets qu'on lui donna
étaient tirés de l'Ancien Testament; et pour
en faciliter l'exécution, on lui permit d'avoir
recours à plusieurs de ses anciens tableaux, tels
que *la Récolte de la Manne au désert*, *l'Adoration du Veau d'or*, et *le Moïse frappant le
rocher;* nous devons regretter la perte de ces
cartons qui étaient faits sur les mêmes dimensions que ceux de Raphaël. On lui imposa aussi
la tâche de faire des frontispices pour les livres
imprimés à l'imprimerie royale. Le premier qu'il
exécuta fut destiné à la Bible imprimée en 1642,
et connue sous le nom de Bible de Sixte-Quint;

5

il en fit ensuite pour l'*Horace* et le *Virgile* qu'on imprima vers le même temps ; mais un extrait d'une de ses lettres à del Pozzo nous fera mieux connaître le genre de ses occupations ; elle est datée du 16 septembre 1641 : « Je travaille sans « relâche, tantôt à une chose, tantôt à une autre. « Je ferais cela volontiers, mais on me presse « pour des choses qui demandent du temps et « de la réflexion. Je vous assure que si je reste « long-temps dans ce pays je deviendrai barbouil- « leur comme les autres. Quant à l'étude et à « l'observation, soit d'après l'antique, soit « d'après la nature, ce sont choses inconnues « ici, et quiconque veut étudier ou devenir su- « périeur doit aller se former hors de ce pays. « On a commencé les stucs et les peintures de la « grande galerie, d'après les plans que j'ai pro- « posés ; mais j'en suis peu satisfait, parce que je « ne trouve personne pour me seconder, quoique « pour faciliter la besogne je fasse mes plans sur « une double échelle. J'ai placé le tableau de la « *Sainte Cène* dans la chapelle de Saint-Germain « où il a beaucoup de succès ; je travaille main- « tenant à un tableau pour le noviciat des jé- « suites ; il est très grand, et renferme quatorze « figures plus grandes que nature. Cependant on « ne m'accorde que deux mois pour l'achever. »

Le sujet de ce grand tableau est un des miracles de saint François Xavier au Japon, où il rendit à la vie la fille d'un seigneur. Il fut fini au temps prescrit, et l'admiration qu'il excita fut le signal des persécutions qu'éprouva le Poussin, de la part de ceux qui enviaient son bonheur et sa réputation, persécutions qui rendirent pénible son séjour à Paris, et le lui firent enfin quitter. Avant son arrivée dans cette capitale, Vouët (1) avait joui sans partage de la faveur de la cour et du public; mais, dans cette occasion, le tableau qu'il avait peint pour la même église fut à peine regardé, tandis que celui du Poussin excita le plus vif enthousiasme par la beauté de l'expression, qui, disait-on, « captivait l'igno-

---

(1) Simon Vouët était né à Paris en 1582 ; il étudia sous son père, qui était un peintre médiocre ; il accompagna, en 1602, l'ambassadeur de France à Constantinople, où il fit le portrait du grand-seigneur, presque de souvenir. A son retour de Turquie il passa quelque temps à Venise et à Rome, où il fût élu chef de l'Académie de Saint-Luc. Sa réputation engagea Louis XIII à le faire venir à Paris ; il le fit son premier peintre, et prit des leçons de dessin de lui. Son principal mérite est une grande facilité et de la franchise, mais ses tableaux ont peu d'expression, son coloris est défectueux, et son dessin peu correct. C'est à Rome qu'il fit ses meilleurs ouvrages ; ses élèves les plus remarquables sont *Mignard, Dorigni, Perrier, Dufresnoy, Le Brun* et *Le Sueur.*

« rant aussi-bien que le connaisseur. » Cependant ce tableau fut critiqué de la manière la plus sévère par Vouët et son parti. Ils lui reprochaient entr'autres que le *Christ dans sa gloire* ressemblait davantage à un Jupiter tonnant qu'au Dieu tout miséricordieux. Ils trouvaient le coloris opaque, le trait sec et manquant de sentiment. Le Poussin, qui dédaignait d'avoir recours à de petits artifices pour désarmer la calomnie ou pour se procurer des partisans, répondait à ces critiques ouvertement et sans crainte. « Ceux, « disait-il, qui trouvent que le Christ de mon « tableau ressemble plus à un Jupiter lançant « des foudres qu'à un Dieu de miséricorde, « peuvent être assurés que je m'efforcerai tou- « jours de donner à mes figures une expression « conforme à leur caractère; mais je ne puis ni « ne dois me représenter le Christ en quelque « situation que ce soit, sous la figure hypocrite « et dolente d'un sectaire ou d'un moine men- « diant, lorsque je lis que durant son séjour sur « la terre il était presque impossible de supporter « l'éclat de son visage. »

En dépit des clameurs de Vouët, le Roi et la Reine se prononcèrent en faveur des tableaux du Poussin. « Mes tableaux, dit-il dans une lettre « au commandeur del Pozzo, ont été très-bien « reçus; le Roi et la Reine ont donné de grands

« éloges à ma *Sainte Cène*, peinte pour la cha-
« pelle royale, regardant ce tableau, disent-ils,
« comme un de leurs enfans. Le cardinal de
« Richelieu est également satisfait de ses ta-
« bleaux; il m'a adressé à ce sujet des compli-
« mens et des remerciemens devant monsignor
« Mazarin. »

Mais il paraît que plusieurs des tâches qu'il avait
à remplir étaient fastidieuses. « Les travaux que
« l'on m'a imposés, dit-il ailleurs, ne sont pas
« assez importans pour qu'on ne me les fasse pas
« quitter, quand il faut surveiller des dessins de
« tapisserie; je désirerais avoir à faire quelque
« chose où je pourrais faire entrer de grands et de
« nobles sujets; mais à dire vrai, il n'y a rien ici
« qui mérite de m'y fixer long-temps. » Dans une
autre lettre il dit : « La facilité de travail que ces
« messieurs ont remarquée en moi les porte à ne
« me laisser aucun loisir, soit pour mes affaires,
« soit pour obliger un ami ou un protecteur.
« Ils m'emploient continuellement à des baga-
« telles, frontispices pour des livres, plans pour
« des constructions d'armoires ornées, dessus de
« cheminées, reliures de livres et autres niaise-
« ries; quelquefois on me propose des sujets plus
« relevés; mais les belles paroles et les actions
« qui n'y répondent pas attrapent les sages et les

« sots (1). Ils disent que pour moi ce sont des
« badinages, et ils regardent comme des riens
« ces travaux qui me fatiguent et m'ennuyent.
« Avant de partir, M. de Noyers me demanda de
« peindre une madone suivant mon goût, afin,
« disait-il, qu'on pût dire la madone du Poussin,
« comme on dit la madone de Raphaël; en outre
« il voulait que je peignisse un tableau pour la
« chapelle des Jésuites; mais la place est si triste
« et si sombre qu'il n'y a pas moyen d'y rien faire
« de bon. En un mot, il semble qu'ils ne savent
« à quoi m'employer, et qu'ils n'avaient aucun
« plan arrêté quand ils m'ont fait venir. Je com-
« mence à croire que, de ce que je n'ai pas amené
« ma femme avec moi, ils concluent que je re-
« tournerais en Italie s'ils me donnaient l'occasio
« de gagner assez d'argent; mais soit que je réus-
« sisse ou non dans tout ce que je m'étais pro-
« posé en venant ici, j'aurai accompli une partie
« de mes projets, et certainement j'ai été am-
« plement défrayé de mon voyage. Je reçus
« l'autre jour une lettre de M. de Noyers, et
« comme je m'étais plaint à lui avant son départ

---

(1) Le proverbe italien dit :

Belle parole e cativi fatti,
Inganano savi et matti.

« de ce genre d'occupations subalternes, qui ne
« sont autre chose qu'une perte de temps, il me
« dit que Sa Majesté consentait à ce que, dès que
« j'aurais arrêté le plan de la grande galerie,
« je fisse travailler sous mes ordres mon ami
« M. Lemer, de qui vous avez un tableau re-
« présentant des ruines, de telle sorte que je
« pourrai m'occuper en liberté des dessins et
« tableaux des *Sept Sacremens*, pour les ta-
« pisseries royales. Je ne sais comment ce
« plan réussira. Vous voyez par ce que je
« vous dis, que nous ne manquons pas ici de
« cette espèce d'animaux qui s'attachent aux
« chefs. »

Cette lettre est datée du 4 avril 1642. Ce fut
à cette époque qu'il arrêta le plan de décorations
pour les Tuileries. L'exposition de ce plan fut le
signal pour les ennemis et les envieux du Poussin, de commencer contre lui les attaques qui
décidèrent son retour à Rome. La jalousie de
Vouët, par rapport aux principaux tableaux,
était aussi réelle que bien fondée ; et la vanité de
l'architecte Le Mercier ne fut peut-être pas assez
ménagée dans les changemens et les réductions
recommandés par le Poussin : aussi cet architecte, qui avait beaucoup de mérite, mais peu de
goût, en éprouva-t-il une grande irritation ;

mais la fatuité de Fouquières (1), bon peintre de
paysage pour le temps où il vivait, paraît avoir
été aussi persécutante que ridicule ; il était très-
fier de quelques prétentions de famille, et tra-
vaillait toujours l'épée au côté. Présumant assez
de l'importance de son rang et de ses talens, il
prit sur lui de diriger les travaux de la galerie ;
le Poussin, qui connaissait sa véritable histoire,
avait coutume de rire de ses prétentions, et
l'avait surnommé *Baron.* « Le baron de Fou-
« quières, dit-il dans une lettre à M. de Noyers,
« vint à moi avec sa suffisance ordinaire ; il
« trouve fort extraordinaire que l'on ait com-
« mencé quelque chose dans la galerie sans le
« consulter ; il dit qu'il a un ordre du roi contre-
« signé par le ministre, et que ses tableaux doivent
« en conséquence former la principale décora-
« tion de cette pièce, les autres ouvrages n'étant
« que de simples accessoires. » La vérité est que
Fouquières avait reçu l'ordre de peindre des
vues des principales villes de France, sur les
panneaux, entre les fenêtres.

_____

(1) Il prétendait être descendu des Fuggers ou Fou-
quers, riches banquiers, qui furent anoblis par Maxi-
milien 1er, pour lui avoir prêté des sommes d'argent
considérables. Cette famille paraît avoir été assez ridicule,
car Rabelais s'égaie à ses dépens.

Cependant il paraît que la persévérance avec laquelle le Poussin insista sur le changement de quelques-uns des ornemens de Le Mercier, sur le retranchement de quelques autres, excita chez ses ennemis furieux, une violente crise. Les morceaux suivans, extraits d'un de ses mémoires à M. de Noyers, nous font assez connaître les motifs de son opinion quant aux changemens, et nous apprennent en même temps pourquoi la vanité de Le Mercier fut si fort blessée ; notre peintre sait faire ressortir sa propre dignité, et repousser les insinuations de ses ennemis. « Bien « que je n'aie rien à craindre de mes ennemis, « puisque par la grâce de Dieu j'ai acquis une « propriété, qui n'étant pas une fortune ordi-« naire, ne peut m'être enlevée, et qui me suivra « partout ; la peine de cœur que j'éprouve en me « voyant traiter si mal, m'oblige à faire con-« naître l'absurdité des calomnies dirigées contre « moi. Rien n'est plus monstrueux que ce qui a « été commencé par Le Mercier dans la galerie : « la triste et désagréable pesanteur du tout ; « l'abaissement de la voûte, qui semble devoir « tomber et écraser les spectateurs ; le manque « de chaleur dans la composition ; l'aspect pau-« vre, sec et mélancolique des détails, et cer-« taines choses opposées et incongrues mises « ensemble, tels sont les défauts que la raison

« et le sens commun ne permettent pas de tolé-
« rer : il n'y a aucune variété ; rien ne s'y peut
« soutenir ; on n'y trouve ni liaison ni suite ; les
« grandeurs des cadres n'ont aucune proportion
« avec leur éloignement, et ne se peuvent voir
« commodément, parce que ces cadres sont pla-
« cés au milieu de la voûte sur les têtes des spec-
« tateurs, et les aveugleraient s'ils levaient la
« tête pour les regarder. Tout ce que j'ai sup-
« primé était rempli de défauts. L'architecte
« s'étant attaché à de certaines consoles qui
« règnent le long de la corniche, et qui ne sont
« pas en nombre égal, car il y en a quatre d'un
« côté, et cinq de l'autre, il est impossible d'y
« faire quelque chose de bon, tant qu'on y to-
« lère des défauts aussi marqués. »

Il termine par ces mots : « J'ai la conscience
« de mes moyens, et je connais l'usage que j'en
« puis faire, sans y mettre une confiance exa-
« gérée, et sans rechercher la faveur. J'écris
« pour rendre témoignage à la vérité, et je ne
« m'abaisserai jamais jusqu'à la flatterie ; ce sont
« deux choses trop opposées pour pouvoir les
« concilier. »

On ne fit aucune réponse, ou du moins aucune qui fût satisfaisante à cette lettre : aussi
Vouët et Le Mercier, encouragés par la froideur
évidente de la cour, déclarèrent qu'ils ne travail-

leraient plus sous les ordres du Poussin. La seconde attaque qu'ils dirigèrent contre lui fut un
mémoire, dans lequel ils insinuèrent artificieu-
sement que l'honneur de la nation était compro-
mis par la parcimonie de ses plans pour les bâtimens publics. Ils mettaient ainsi à découvert
leurs vues intéressées, et le Poussin sut le
faire remarquer dans une seconde lettre au
ministre, auquel il disait : « Les calomnies de
« mes ennemis sont dirigées par l'espoir du
« gain. »

Il n'est pas surprenant que ces cabales aient
excité enfin quelque dégoût chez M. de Noyers,
et que cette circonstance, jointe à l'irritation que
lui causaient les travaux minutieux qui lui étaient
imposés chaque jour, n'aient déterminé le Poussin à demander la permission de retourner pour
quelque temps au moins, à Rome, où il avait
laissé sa femme, pour laquelle il professa toujours
le plus tendre attachement et la plus profonde
reconnaissance; ainsi que plusieurs amis dont il
n'avait point remplacé à Paris l'aimable société,
entouré comme il l'était de gens qui, sous plusieurs rapports, étaient ses rivaux. En conséquence, ayant été envoyé à Fontainebleau par
M. de Noyers, pour restaurer quelques tableaux
du Primaticcio, qui avaient souffert du temps et

de l'humidité (1), « je saisis cette occasion,
« écrit-il, pour lui parler d'aller en Italie, cher-
« cher ma femme et la ramener à Paris; et après
« avoir écouté les raisons qui m'inspiraient ce
« désir, il y consentit avec une grande bonté, à
« la condition cependant que je finirais mes ta-
« bleaux commencés, et que je serais de retour
« à Paris au printemps. J'espère partir au com-
« mencement de septembre. »

Tandis que le Poussin s'occupait des affaires
qui l'avaient conduit à Paris, il n'oubliait point
ses amis de Rome. Nous apprenons par ses lettres
au commandeur del Pozzo, que des amis de cette
famille et d'autres personnes l'employèrent à
solliciter des faveurs ecclésiastiques ou autres
auprès de la cour de France (2). Pendant le même
temps le crédit dont il jouissait auprès du cardi-

---

(1) L'ouvrage du Primaticcio à Fontainebleau, qui est
loué par Evelyn, dans son *Journal*, avait pour sujet
l'*Histoire d'Ulysse*. Le même fait aussi mention d'un
tableau du Poussin, placé au-dessus d'une cheminée,
dans l'hôtel du comte de Liancourt, rue de Seine. Il en
fait un grand éloge, mais ne décide pas s'il fut peint à
cette époque, ou avant son premier voyage à Rome. Ce
tableau représente un satyre à genoux.

(2) Une de ces faveurs était la permission de faire im-
primer un ouvrage sur l'antiquité, par Angeloni.

nal Barberini servit plus d'une fois à ceux de ses compatriotes qui se trouvaient à Rome. Il obtint aussi pour le commandeur del Pozzo des copies de plusieurs beaux tableaux appartenant au roi de France, et ce gentilhomme lui procura en retour des tableaux italiens pour Paris.

Enfin arriva le moment si ardemment désiré par le Poussin, et il se trouva libre de retourner à Rome. Le sujet du dernier tableau qu'il composa à Paris était *le Temps découvrant la Vérité et la délivrant des démons de la Malice et de l'Envie.* On a insinué qu'il voulait faire allusion aux vexations qu'il avait éprouvées à la cour de France ; il était destiné au cardinal de Richelieu, et se voit maintenant au Louvre. Il est possible que cette allégorie n'eût rien de commun avec ses sentimens personnels, car dans ce temps-là tout se passait en allégorie. Il laissa en France un autre tableau qui paraît indubitablement avoir rapport à ses ennemis et à lui-même. Parmi les décorations du plafond voûté du Louvre, le Poussin avait placé des bas-reliefs peints, dont le sujet était les travaux d'Hercule ; et outre le nombre ordinaire, il en avait ajouté un de son invention, dans lequel Hercule est représenté détruisant la Folie, l'Ignorance et l'Envie. Ces odieux personnages sont des caricatures de Fouquières, Le Mercier et Vouët ; et on prétend

que la figure d'Hercule a quelque rapport avec
celle du Poussin. Fouquières, représenté sous
l'emblème de la *Folie*, est assis sur un âne, au
cou duquel pend une médaille, avec les initiales
J. F. ; l'Ignorance, avec la figure de Le Mercier,
déchire les ouvrages de Vitruve, et tient une
équerre et des compas. L'Envie porte la figure
de Vouët. Ce tableau appartient à M. Dufourny
de Paris, qui a conservé les dessins des travaux
d'Hercule, les originaux ayant été détruits lorsqu'on a changé et nettoyé le plafond. Il y a beaucoup d'originalité et de piquant dans les détails
de cette caricature ; ce n'est pas le seul tableau
du Poussin qui nous prouve qu'il était doué de ce
genre d'esprit. On peut encore citer dans le
même genre son tableau de la *Mort de Philémon,*
qui, suivant Aulu-Gelle, mourut de rire en
voyant un âne manger des figues. On trouve
dans plusieurs de ses Bacchanales des saillies de
gaîté qui auraient été l'échec d'un peintre ordinaire.

Peu de temps après le départ du Poussin, son
patron M. de Noyers fut exilé de la cour ;
le cardinal de Richelieu mourut peu après, et
Louis XIII ne lui survécut que jusqu'au 14 mai suivant, 1643. Ces divers événemens suspendirent
les travaux jusqu'à ce que le cardinal Mazarin
ayant obtenu le rappel de M. de Noyers, ils

furent repris avec une nouvelle ardeur. On
voulut engager une seconde fois le Poussin à les
surveiller, et on lui demandait au moins d'achever la galerie.

Mais le plaisir qu'il avait ressenti en se retrou-
vant à Rome, la joie de ses amis en le revoyant au
milieu d'eux, et les paisibles jouissances de la vie
domestique ne le disposaient pas à se replonger
au milieu des cabales de la cour, dont il venait
de faire une si triste expérience ; au moins ne
voulait-il le faire que sous certaines conditions.
« Je désirerais seulement, disait-il dans sa ré-
« ponse, revenir en France sur le pied de mon
« premier engagement, et non pour finir le
« Louvre, car je puis envoyer de Rome des des-
« sins pour cet objet. Je n'irai jamais à Paris
« pour être employé comme un artiste à la jour-
« née, quand bien même on couvrirait mes ou-
« vrages d'or. » Cette réponse mit fin à toute
correspondance ultérieure sur ce sujet ; mais
Louis xiv lui continua (1) la pension que son pré-
décesseur lui avait accordée.

_____

(1) L'Académie française des beaux-arts, établie maintenant à Rome, à la Villa Medici, fut fondée par Louis xiv ;
elle occupait ci-devant un palais dans la rue du Cours.
On peut consulter le premier numéro du *London Maga-
zine*, pour avoir des détails sur cet établissement, et ses

Ses travaux, après son retour à Rome, eurent pour objet de satisfaire aux demandes de ses amis de Paris. Les premiers tableaux dont il s'occupa furent *la Suite des Sacremens* pour M. de Chantelou; *Rebecca et Eliézer au puits*, tableau dont on ne saurait trop louer la vérité, la grâce et la beauté; et *l'Enterrement de Phocion*. Comme il était alors délivré de toute inquiétude sur ses moyens d'existence, il dévoua son âme entière à l'art qu'il cultivait. Il écrivait à un ami : « En avançant en âge, je me sens plus « que jamais enflammé du désir de me surpasser « et d'atteindre le plus haut degré possible de « perfection. » On a souvent observé que lorsque les peintres ont conservé un esprit sain et un corps vigoureux, ils ont fait des progrès jusqu'à un âge très avancé; nous ne devons pas être étonnés si les derniers ouvrages de Raphaël sont les meilleurs, car il mourut à trente-sept ans. Mais le Titien se perfectionna jusqu'à la fin de sa vie, et il mourut de la peste à quatre-vingt-dix-neuf ans. Nous devons attribuer l'infériorité des peintures de la chapelle Pauline, comparées avec

---

avantages ; on trouvera dans le même ouvrage d'excellentes observations sur les écoles modernes de peinture. Vers le temps où le Poussin refusa de revenir à Paris, Louis xiv arrêta les travaux du Louvre pour bâtir Versailles.

celles de la chapelle Sixtine, à l'affaiblissement de la vue de Michel-Ange; et si les derniers tableaux du Guide ne sont pas égaux aux premiers, la cause en est due à sa passion pour le jeu, qui nuisait à son talent en lui faisant trop hâter son ouvrage.

Depuis l'époque de son retour, le Poussin passa presque tout son temps dans son atelier, où il admettait rarement des visites. Ses amis avaient coutume de l'attendre sur la terrasse de la Trinité du Mont, où sa maison était située et où il faisait ses promenades du soir et du matin. Ses biographes l'ont représenté comme un ancien philosophe environné de ses disciples. Ainsi ses heures d'exercice étaient embellies par la conversation familière d'hommes distingués par leur savoir et leurs manières, qui se rassemblaient autour de lui de toutes les parties de Rome pour admirer cette noble simplicité de mœurs et de conversation, où l'on retrouvait cette antique pureté de goût qui respire dans ses ouvrages et qui dirigeait toute sa vie. On a conservé plusieurs mots de lui; ils sont remarquables par le bon sens et par cette sorte de philosophie si utile pour la conduite de la vie. On lui demandait un jour quel était le plus grand bénéfice qu'il eût retiré de ses lectures étendues, et quelle était celle de ses connaissances qu'il prisait le plus ; il répondit : « Celle de savoir bien vivre avec tout le monde. »

Un soir le cardinal Massimi lui fit visite et resta jusqu'à la nuit. Le Poussin, qui n'avait pas de laquais, prit une lampe pour éclairer son hôte jusqu'à sa voiture; et comme ce dernier le plaignait de n'avoir pas de domestique, le Poussin lui répondit : « Je plains encore plus Votre Éminence d'en avoir un si grand nombre. » Un illustre amateur lui ayant montré un tableau qu'il venait de finir : « Ah, Monseigneur ! lui « dit le Poussin, il ne vous manque qu'un peu « de pauvreté pour devenir un excellent peintre. » Mais ces reparties, bien qu'elles montrent la promptitude de son esprit, n'étaient pas pour la plus grande partie de ses auditeurs ce qu'il y avait de plus remarquable dans sa conversation. Son beau-frère Gaspard, Claude Lorrain, Charles Le Brun, et d'autres peintres distingués le suivaient dans ses promenades pour recueillir ses excellentes maximes sur l'art, et pour entendre ses conseils sur la meilleure manière d'envisager la nature.

Il est difficile de décider lequel des deux grands peintres de paysage ci-dessus nommés, est le plus poétique dans la composition. Tous deux ont étudié la nature et l'ont rendue avec vérité, quoique d'une manière différente; Gaspard re-

cherche les paysages avant le lever du soleil ou
lorsqu'il est déjà couché, ou encore, lorsque
d'épais nuages permettent à un seul rayon brillant de percer ses ombrages touffus. Claude veut
du soleil, de la lumière et de la vie ; ses *matins*
ont de la fraîcheur, et cependant du brillant ; ses
midis rendent l'ombrage de ses arbres nécessaire
à l'œil et à l'imagination, et lorsque nous consi-
dérons ses charmantes *soirées*, nous voyons ap-
procher avec peine le moment qui les obscurcira
tout-à-fait. On retrouve tous les effets de ses tableaux et presque tous ses sujets, depuis la Trinité du Mont. Du portique de sa maison on voit
fort à leur avantage, soit à l'effet du matin, soit
à celui du soir, la vallée du Tibre, le profil du
Vatican, le Monte-Mario, et la villa Médici,
qu'il a introduits dans plusieurs de ses tableaux.
Gaspard a souvent puisé ses compositions à la
même source, mais ses lumières et ses couleurs
semblent être plus souvent prises dans les murs
massifs et les ruines de la ville. Le Colysée, le
mont Palatin, demandent des ombres qui se rap-
prochent de l'obscurité pour fondre la teinte
rougeâtre des ruines avec la verdure dont le
temps a décoré leurs vénérables sommets. La
beauté pittoresque de Rome a été bien sentie
par ces deux grands peintres, et aucun autre ne
lui a rendu justice comme eux, si l'on excepte

cependant les seconds plans du Dominiquin et
ceux de Nicolas Poussin. (1)

Les vues des ruines et des monumens par
Piranési et d'autres artistes, peuvent donner
une idée de la majesté de la cité ruinée; mais
c'est aux seuls Poussins, Claude Lorrain et
Dominiquin, qu'il a été donné de sentir et d'exprimer le coloris, les arbres et les superbes
lointains de l'ancienne Rome.

Quoique le Poussin mît un trop grand prix à
son temps et à sa liberté pour prendre des élèves
depuis son retour à Rome, il s'intéressa généreusement aux études et à la réputation de
son jeune compatriote, Charles Le Brun. Le
récit que nous allons faire des circonstances qui
accompagnèrent leur première connaissance,
et des avantages que Le Brun retira de l'amitié

---

(1) Parmi les peintres modernes, nos compatriotes
sont peut-être leurs rivaux. Wilson a peint des vues de
Rome, et les a animées par des figures et des combinai-
sons historiques. Turner, avant d'aller en Italie, semblait avoir deviné la couleur de la Campagne de Rome,
par l'inspiration de son génie; et parmi les artistes rési-
dant à Rome en 1819, les Anglais seuls paraissaient sentir
le mérite de ce qui les entourait. Les Français, les Allemands et les Italiens faisaient des vues correctes ou ima-
ginaires; mais nous n'avons vu rendre la poésie de Rome
d'une manière satisfaisante que par des Anglais.

du Poussin, est extrait d'un manuscrit original de Claude Nivelon, et il est trop intéressant pour être changé ou abrégé. (1)

« Les premières productions de Le Brun fu-
« rent en partie la cause qui détermina M. Se-
« guier à lui procurer les moyens d'aller en Ita-
« lie, prévoyant que les bontés du roi et les
« siennes propres lui seraient plus utiles en lui
« donnant la facilité d'étudier et de contempler
« les beaux objets d'arts qui se trouvent dans ce
« pays. Il lui donna une pension considérable,
« et sa protection lui procura un accès facile à
« Rome, par le moyen du cardinal Antonio,
« qui, sur sa demande, le présenta au pape Ur-
« bain VIII avec une lettre d'introduction du roi.
« Il le recommanda aussi au fameux M. Poussin,
« qui retournait à Rome en 1643. Ils se rencon-
« trèrent à Lyon et achevèrent leur voyage en-
« semble : ce rapprochement fit naître d'un côté
« beaucoup de bienveillance pour M. Le Brun,
« chez M. Poussin, et ce jeune homme conçut
« pour ce grand artiste un respect et une estime
« qui ne se sont jamais démentis ; il a souvent
« déclaré qu'il lui avait la grande obligation de
« lui avoir fait part des profondes observations

_____

(1) *Description des œuvres de M. Le Brun*, dédiée à Louis XIV, p. 10, Bib. de M. Lami.

« qu'il avait faites sur son art. En peu de temps
« il se perfectionna tellement, grâce à son ap-
« plication, qu'à l'occasion de certaines fêtes, il
« fit un tableau qui fut exposé et montré comme
« une nouveauté aux artistes romains. Il est
« vrai de dire que c'était la première flamme
« française qui depuis long-temps eût jeté quel-
« ques étincelles. Chacun eut d'abord l'idée que
« c'était un tableau de M. Poussin, qui en reçut
« les complimens. Le Brun était venu le voir
« exprès ce jour-là ; M. Poussin lui dit : Plu-
« sieurs personnes sont venues me parler d'un
« tableau qu'elles m'attribuent, mais je ne sais
« ce que cela veut dire; allons le voir ensemble.
« La surprise de M. Poussin ne fut pas petite,
« car bien que ce fût une imitation de sa meil-
« leure manière, il ne connaissait ni l'auteur ni
« l'ouvrage, et pendant quelques momens il se
« sentit secrètement indisposé contre ce peintre
« inconnu, lorsque M. Le Brun venant à lui,
« lui demanda ce qu'il en pensait; car il avait
« fait de son mieux, disait-il, pour l'imiter dans
« son plus beau style : il fut, comme on peut
« l'imaginer, agréablement surpris, et ne dé-
« trompa personne, quoique sa réputation sem-
« blait alors être mise en rivalité avec celle d'un
« si jeune homme. Ce tableau, qui représente
« Horatius Coclès sur le pont, a été long-temps

« pris à Paris pour l'ouvrage du Poussin. » Il est maintenant à la galerie du collége de Dulwich.

Peu après son retour à Rome, le Poussin reçut de M. de Chantelou la prière de peindre un tableau qui devait faire pendant à la *Vision d'Ézéchiel*, de Raphaël, que cet amateur venait d'acheter à Bologne. Le Poussin peignit l'*Extase de saint Paul*, tableau que les Français mettent sur la même ligne que celui de Raphaël : ils citent à l'appui de leur opinion, celle du chevalier del Pozzo. Cet ami zélé du Poussin dit dans une de ses lettres : « L'*Extase de saint* « *Paul* n'est pas moins estimée que la *Vision* « *d'Ézéchiel*, c'est le chef-d'œuvre du Poussin ; « et en comparant ces deux ouvrages, on est « forcé d'avancer que la France a aussi son Ra- « phaël. » Ce jugement peut être vrai, en ce qui concerne ces deux tableaux ; mais il faut se rappeler que c'était dans de tels sujets que le Poussin déployait tout son talent, et que celui de Raphaël se montrait le plus faible. La force, la pureté et l'expression sont les qualités essentielles du Poussin ; mais chez lui la grâce est souvent dépourvue de beauté : Raphaël, au contraire, nous offre une beauté divine qu'accompagnent toujours la grâce et l'expression ; ses femmes et ses anges forment une race à part ; et soit qu'il nous représente les anges visitant Abra-

ham, Psyché montant à l'Olympe, ou sainte
Cécile écoutant les concerts célestes, rien dans
ses figures ne rappelle des idées communes ou
vulgaires. Les figures du Poussin ont toujours
quelque chose de mortel, et cela est nécessaire
pour produire la sympathie et faire l'impression
à laquelle il visait. Le Poussin dit lui-même dans
une lettre à M. de Chantelou, en répondant à
la demande du tableau dont nous parlons : « Je
« crains que ma main tremblante ne me tra-
« hisse dans un ouvrage qui doit paroître à côté
« de Raphaël, et je ne puis me résoudre à me
« mettre à l'ouvrage si vous ne me promettez
« que mon tableau servira à cacher le sien. » Il
ajoute, en envoyant le tableau au mois de décembre 1643 : « Je vous conjure d'éloigner mon
« tableau de celui de Raphaël, autant pour éviter
« la calomnie, que pour m'épargner la confu-
« sion que j'éprouverais en voyant mon ouvrage
« faire le pendant de celui de cet illustre pein-
« tre, et perdre par là le peu de mérite qu'il
« possède. »

Il consacra l'année 1644 à achever la seconde
suite des Sacremens, et jamais peut-être les
mystères de la religion n'ont été mis en évi-
dence avec plus de dignité et de solennité que
dans ces tableaux. L'âme du Poussin était véri-
tablement pieuse, et il sentait profondément

l'importance des sujets qu'il peignait; de là vient le caractère grave, sérieux et expressif de ses tableaux, surtout de l'*Extrême Onction*, qui fut fini le premier, et envoyé à Paris en 1645; les autres le suivirent de près. On remarqua que celui du *Mariage* était le moins bon; ce qui donna occasion aux beaux esprits de Paris de dire qu'il était difficile de faire un bon mariage, même en peinture.

Au commencement de 1642, le *Moïse sauvé* (1), peint pour M. Pointel, arriva à Paris : il eut tant de succès, que M. de Chantelou témoigna, par un peu de jalousie, qu'il le trouvait supérieur aux tableaux que le Poussin avait peints pour lui. Ce dernier lui écrivit à ce sujet : « Si « ce tableau vous a procuré tant de plaisir, ce « n'est pas que je me sois donné plus de peine « pour lui que pour les vôtres ; vous devez at- « tribuer sa supériorité à la nature du sujet, qui « comporte facilement une heureuse composi- « tion. Rien n'est si difficile que de se former « un bon jugement en peinture, surtout si l'on « ne réunit pas la pratique à de grandes connais-

(1) Richardson vit ce tableau à Paris, au commencement du dernier siècle ; il dit « qu'il est peint d'après sa « manière la plus distinguée et la plus soignée. » On le voit encore au Louvre, et il est en très bon état.

« sances théoriques. On ne devrait donc jamais
« porter de jugemens précipités. Vous n'ignorez
« pas qu'une des choses dont un peintre doit se
« rappeler en représentant son sujet, est que
« les Grecs, inventeurs des beaux-arts, trouvè-
« rent différens modes, par le moyen desquels
« ils produisirent les effets merveilleux que nous
« admirons dans leurs ouvrages. J'entends par
« *mode*, la raison, la mesure et la forme con-
« venues qui obligent l'artiste à se renfermer
« dans de justes limites, et à travailler avec une
« modération et un ordre déterminé qui don-
« nent à l'ouvrage un air de vérité.

    « Les modes des anciens étant composés de
« parties distinctes, il doit résulter de la variété
« et de la différence de ces parties entre elles,
« autant de modes différens; et de ces modes
« ainsi composés de parties disposées dans une
« juste proportion, doit naître ce principe secret
« qui excite dans l'âme diverses émotions : c'est
« de là que les anciens attribuèrent à chacun de
« ces modes une propriété particulière suivant
« la nature des effets qu'ils produisaient. Au
« *dorique* était attribué le grave et le sérieux;
« le *phrygien* excitait les violentes passions; le
« *lydien* produisait des impressions douces et
« agréables; et l'*ioniqne* présidait à tout ce qui
« avait rapport aux bacchanales, aux fêtes et

« aux danses. Je me suis conformé à ce plan, à
« l'imitation des poètes, des peintres et des mu-
« siciens de l'antiquité. Tous les peintres doivent
« également se le proposer s'ils veulent exprimer
« des passions analogues au sujet qu'ils traitent,
« et exciter de semblables émotions dans l'âme
« du spectateur. »

L'année suivante, 1648, le Poussin enrichit
la collection de M. Pointel, du beau tableau
déjà cité, qui représente *Rebecca et Éliézer au
puits*. M. Pointel avait vu un tableau du Guide,
envoyé de Rome au cardinal Mazarin par l'abbé
Gavot, et représentant *la Vierge assise entourée
de jeunes filles qui se livrent à diverses occupations*. Ce sujet lui plut tellement, qu'il écrivit
au Poussin de peindre quelque chose pour lui
dans le même genre, et où l'on pût introduire
des beautés de différens caractères, lui laissant
du reste le choix du sujet. On ne pouvait en
trouver un plus heureux, et mieux exécuté.
Rebecca et ses compagnes permirent au peintre
de faire ressortir toutes les variétés de la beauté;
tandis que dans leurs vêtemens et dans le paysage
où elles sont placées, il a déployé toute cette
élégance et cette connaissance de l'antiquité qui
étaient ses qualités éminentes. Du jour où ce
charmant tableau fut connu à Paris, de nom-

breux amateurs offrirent à M. Pointel des sommes considérables en échange ; mais il les refusa constamment, disant « qu'il mettait trop de prix « à l'ouvrage de son ami pour s'en séparer, ne « fût-ce que pour un seul jour. »

Le Poussin peignit dans la même année le charmant paysage dans lequel il introduisit l'épisode de *Diogène observant le jeune homme qui boit dans le creux de sa main ;* il était destiné à M. Laurague. Il serait probablement impossible, et certainement peu nécessaire, de rapporter dans l'ordre de leur exécution tous les ouvrages de ce grand peintre, dont le nombre s'élève à près de cinq cents ; mais il paraît que plus il avançait vers la fin de sa carrière, plus ses amis prirent soin de marquer la date de ses ouvrages. En 1650 il peignit le tableau qui a fourni le sujet du dialogue de Fénélon entre le Poussin et Léonard de Vinci.

Les divers effets de terreur produits par l'aspect d'un objet affreux, l'effet des sons et les gestes de la crainte y sont exprimés d'une manière très dramatique. L'idée du sujet se trouve dans Apuléius, dans son récit des effets de la magie, tels qu'ils lui avaient été rapportés par Aristomène. Les figures, quoique pleines d'expression, ne servent qu'à orner ce beau paysage destiné à M. Pointel, après la mort duquel il fût acheté successivement par MM. Duplessis, Rambouillet et Moreau.

Parmi les hommes de talens employés par Louis xiv pour décorer ses palais, on distingue Le Nôtre, décorateur de jardins, qui se servit d'une fortune acquise par son mérite, pour récompenser et encourager les talens des artistes ses contemporains. Il était lui-même bon peintre, et sut de bonne heure apprécier et encourager le Poussin, qui peignit pour lui, en 1653, la *Femme surprise en adultère*, dont Richardson, qui vit ce tableau à Paris, admirait extrêmement le coloris. On a remarqué cependant qu'il avait un défaut commun à plusieurs de ses derniers tableaux ; ses figures sont trop courtes. Dans la même année, 1653, il peignit l'*Adoration des Mages*, pour M. de Mauroy, ministre des finances.

Nous avons déjà dit que M. Stella, intime ami du Poussin, lui succéda en qualité de premier peintre du roi de France. Cette place lui valut la croix de Saint-Michel en 1644. Le Poussin avait peint plusieurs tableaux pour lui avant cette époque, et entre autres *Renaud et Armide*, sujet tiré du Tasse. Ce n'est pas un de ses meilleurs ouvrages, mais il répara dignement cette faute en peignant pour le même, en 1655, l'*Ex-*

position de Moïse, l'un des plus beaux paysages qu'il ait exécutés. Il a peint aussi, toujours à la même époque et encore pour Stella, un *Moïse frappant le rocher*, sujet qu'il a traité trois fois, dont une pour M. Gilier, et, selon son usage, chaque fois d'une manière différente.

Stella lui ayant fait quelques critiques sur ce tableau (1), particulièrement au sujet de la profondeur du bassin dans lequel tombe l'eau, le Poussin lui fit la réponse suivante : « Je ne suis « point embarrassé par ce que vous me dites; je « ne suis pas fâché que l'on sache que je ne laisse « rien au hasard, et que je sais très bien tout le « parti qu'un peintre peut tirer des sujets qu'il « doit représenter, sujets qu'on peut envisager « sous trois points de vue, comme ils ont « été, comme ils sont, comme ils doivent « être. La disposition locale du miracle doit « avoir été telle que je l'ai représentée, car au- « trement l'eau n'aurait pu être recueillie ni suf- « fire aux besoins d'une si grande multitude, « mais se serait écoulée de tous côtés. Si, lors « de la création du monde, la terre avait reçu « une figure uniforme, et que les eaux n'eussent « trouvé ni réservoirs ni canaux pour les rece-

_____

(1) Il existe une critique superficielle du même tableau dans le Discours de Walpole sur la peinture.

« voir, la surface du globe en aurait été cou-
« verte, et serait devenue inhabitable pour les
« animaux; mais dès le commencement Dieu
« disposa les choses dans un ordre parfait et en
« rapport avec le but qu'il se proposait en créant
« le monde. Ainsi, lors d'un événement aussi
« remarquable que celui de l'ouverture du ro-
« cher, nous devons croire qu'il s'est opéré un
« miracle semblable dans la disposition du sol
« sur lequel il se passait. Comme il n'est pas facile
« à chacun de juger les ouvrages de l'art, on doit
« avoir grand soin de ne pas décider témérai-
« rement. »

Conformément à cette opinion le Poussin a
traité le sol et les circonstances locales de ces
quatre tableaux de la même manière. L'un d'eux,
qui faisait partie de la galerie d'Orléans, est
maintenant dans la collection de Stafford; c'est
peut-être le plus beau, quoiqu'il exprime moins
fortement que deux des autres la soif ardente du
peuple. A en juger d'après l'esquisse gravée par
Landon, le quatrième, qui est maintenant dans
une collection particulière à Paris, doit avoir
moins de mérite que les autres.

Le génie du Poussin semble acquérir de la
vigueur avec les années. Parmi ses derniers ouvrages commencés en 1660 et envoyés à Paris
en 1664, étaient les quatre tableaux allégoriques

des *Saisons*, qu'il peignit pour le duc de Richelieu. Il fit choix du paradis terrestre dans toute la fraîcheur de la création pour représenter le *Printemps*; le bel épisode de Booz et de Ruth forme le sujet de l'*Été*; l'*Automne* est désigné avec un heureux à-propos par les deux Israélites rapportant la grappe de raisins de la terre promise; mais le chef-d'œuvre est l'*Hiver*, représenté par le déluge. Ce tableau est peut-être de tous ceux du Poussin celui qui a produit le plus d'effet. Un espace resserré et un petit nombre de figures lui ont suffi pour représenter avec énergie cette grande catastrophe. Le disque du soleil est obscurci par des nuages, les éclairs sillonnent les airs en tous sens; on n'aperçoit plus que les toits des bâtimens les plus élevés, et au-dessus des grandes eaux flotte l'arche à la hauteur des montagnes les plus élevées. Sur le devant du tableau, les eaux, resserrées par les rochers, forment une cataracte; un bateau est entraîné par la chute d'eau, et on voit périr les malheureux qui y avaient cherché un refuge; mais l'incident le plus pathétique est le plus rapproché des spectateurs: une mère dans un bateau tend son enfant à son époux, qui, bien que placé sur un rocher élevé, n'est évidemment pas hors de l'atteinte des eaux; elle ne prolonge ainsi sa vie que de quelques instants. Une ou deux figures flottant sur l'eau cherchent à s'échapper ; des animaux domestiques sont pêle-mêle avec leurs maîtres, et un énorme serpent qui semble chercher un refuge sur la plus haute montagne, a été considéré comme l'emblème de la perversité qui amena sur l'homme ce terrible châtiment. La couleur sombre et effrayante de ce tableau est en harmonie avec la scène qu'il représente, et l'air brumeux dans le tableau qui est au Louvre, donne une idée confuse d'immensité qu'on ne retrouve pas dans la copie qui fait partie de la collection du cardinal Fesch, où l'on ne voit qu'un ciel pesant.

Dans le Manuel du Muséum français, *le De-luge* est appelé le plus bel ouvrage qu'ait produit la main de l'homme ; les critiques ont renchéri à l'envi sur ces éloges exagérés, tellement que c'est une espèce d'hérésie que d'en contester la justice. Cependant, quoique la conception en soit belle, et que les deux principaux incidens ne soient pas indignes du Poussin, l'effet général du tableau n'est pas agréable. Le peintre n'a pas surmonté la grande difficulté attachée à toute représentation du Déluge. Ce n'est que l'inondation d'une vallée, terrible à la vérité, mais qui pourrait passer pour un événement ordinaire, si l'on ne découvrait l'arche dans le lointain ; les

7

rochers du premier plan sont tels que nous en voyons souvent, et la cataracte, quoique d'un bel effet, exclut l'idée du déluge universel, où toutes les eaux devaient être de niveau. Cependant ce tableau produit un grand effet ; les défauts appartiennent plus au sujet qu'au peintre. Il en est qui ne peuvent se rendre.

Michel-Ange lui-même ne put exprimer ces paroles : *Dieu dit que la lumière soit, et la lumière fut ;* et quoique la figure du Christ dans le *Jugement dernier* de la chapelle Sixtine semble devoir terrasser le coupable au premier aspect, cependant ce magnifique tableau ne nous fait pas comprendre que le moment est venu où chacun doit rendre compte, malgré que les groupes qui le composent soient, chacun étant considéré à part, d'une beauté surnaturelle.

La longue et honorable carrière du Poussin était près de finir. Au commencement de l'année 1665 il eut une légère attaque de paralysie, et le seul tableau qu'il ait peint dès lors fut celui de *la Samaritaine au puits,* qu'il envoya à M. de Chantelou avec un billet renfermant ces paroles : « Voici mon dernier ouvrage ; je sens que j'ai « déjà un pied dans la tombe. »

Peu après il écrivit la lettre suivante à M. Félibien : « Je n'ai pu répondre plus tôt à la lettre

« que monsieur votre frère , le prieur de Saint-
« Clémentin, m'a envoyée peu après son arrivée
« ici , mes infirmités ordinaires étant augmen-
« tées par un rhume pénible qui dure encore et
« me tourmente extrêmement. Je dois mainte-
« nant vous remercier, non seulement de votre
« souvenir, mais encore de ce que vous avez eu
« la bonté de ne pas rappeler au Prince le désir
« qu'il avait une fois témoigné de posséder quel-
« ques uns de mes ouvrages. Il est trop tard pour
« que je remplisse son attente; je suis devenu
« trop infirme, et la paralysie m'empêche de
« travailler ; j'ai abandonné le pinceau depuis
« quelque temps, et ne m'occupe plus que de la
« mort, dont je sens les approches. Tout est fini
« pour moi. » Il termine sa lettre par une
critique d'un nouvel ouvrage sur la peinture :

« N ✱ ✱ ✱ a écrit sur les vies et les ouvrages des
« peintres modernes. Son style est enflé, il ne
« possède pas plus d'esprit que de science. Il parle
« de la peinture comme un homme qui n'en
« connaît ni la pratique ni la théorie; plusieurs
« de ceux qui ont tenté la même entreprise ont
« reçu la récompense qu'ils méritaient, c'est-à-
« dire le ridicule, etc. »

Vasari est le seul peintre étranger qui ait écrit
les Vies de ses confrères, et il vaut mieux que

cette tâche soit remplie par d'autres; mais quant
à la critique et à la théorie de la peinture, elle
sera toujours traitée plus habilement par ceux
qui y joignent la pratique : c'est ce qui doit faire
regretter que le Poussin ait si peu écrit.

Les admirateurs de Raphaël Mengs, jaloux du
surnom qu'avait obtenu le Poussin, de *Peintre
des Philosophes*, donnèrent à leur favori celui de
Philosophe des Peintres, et l'on ne saurait nier
qu'il n'y ait beaucoup de science dans ses peintures et ses écrits. Mais ce peintre est un exemple
remarquable de la folie du charlatanisme scien-
tifique, sa réputation étant maintenant autant
au-dessous de son mérite, qu'elle l'a jadis surpassé. Il a prodigué toute sa science dans un de
ses ouvrages les plus célèbres, le plafond de la
salle de festin de la Villa Albani, qui a été le
sujet des éloges exagérés de Winckelman, et
l'objet de l'admiration du temps où il vécut. On
peut citer une autorité à l'appui de chaque détail,
depuis la guirlande d'Apollon jusqu'au grand
globe maritime, dont une Uranie détourne les
yeux ; et cependant on éprouve une sorte de
mécompte en regardant ce tableau, et on n'a
jamais senti en l'examinant cette vivacité d'admiration, cet oubli du travail de l'artiste, qui,
dans les beaux ouvrages de l'Italie, disparaît au

milieu des perfections qu'il étale à nos yeux.
Combien sont différens les tableaux et les écrits
sur la peinture des artistes anglais! L'expression
et la beauté des tableaux de Reynolds jettent un
voile sur les défauts qu'on peut leur reprocher; la
grâce et le naturel de ses figures lui gagnent le
cœur du spectateur, et quand il cherche à excuser
les défauts de quelqu'un de ses ouvrages, il croit
plaider la cause d'un ami, dont les fautes mêmes
ont un caractère aimable. Il a vu la nature dans
ses momens d'abandon les plus doux et les plus
gracieux : Mengs ne la regarda jamais qu'à travers le prisme de son art ; leurs écrits sont aussi
différens que leurs ouvrages. Mengs a enchaîné
sa raison par des règles, et assujetti la philosophie de l'art à l'art lui-même : l'esprit étendu de
Reynolds a soumis les règles à la raison ; il a
prouvé que ceux qui les ont envisagées comme
moyen et non comme principe de l'action, en
ont fait le meilleur usage. Les ouvrages de
Mengs seront rarement lus par d'autres que
par des artistes : l'esprit suffit pour faire comprendre les leçons de Reynolds ; elles seront
appréciées par tout le monde, car elles embrassent généralement tous les sujets sur lesquels l'art
peut s'exercer pour le perfectionnement ou les
jouissances de l'espèce humaine.

Les cours de Fuseli et d'Opie, les ouvrages de
Northcote, ceux de Shee, et quelques autres,
peuvent être cités pour la science, le bon sens,
et les connaissances en peinture de leurs auteurs;
mais ils ne possèdent pas cette *largeur* philoso-
phique (si je puis emprunter un terme de l'art)
qui rend les discours de Reynolds applicables à
tous les arts, à toutes les sciences qui ont rapport au goût, et qui ont pour but de procurer
un plaisir délicat et intellectuel.

Nous croyons que si le Poussin avait écrit sur
la peinture, ses écrits, bien qu'ils eussent pu
participer de la roideur de ceux de Mengs, auraient pu également, si nous en jugeons d'après
ses tableaux, s'élever à la hauteur des principes
de Reynolds. Malgré son idolâtrie pour l'art antique, il n'a jamais perdu de vue la nature ; et
même lorsqu'il empruntait les formes et les attitudes des anciens, il cherchait ses détails dans
les objets qui l'entouraient.

La dernière lettre qu'il écrivit renferme quelques idées sur les principes généraux de l'art, et
nous la donnons ici non seulement pour prouver
que sa pratique s'accordait avec sa théorie, mais
encore pour faire connaître la modestie avec laquelle il se jugeait.

POUSSIN A M. DE CHANTELOU.

« Je dois enfin essayer de me réveiller après
« mon long silence. Je dois parler tandis que
« mon cœur bat encore ; j'ai eu beaucoup de
« temps pour lire et méditer votre livre sur la
« parfaite idée de la peinture ; il a été une douce
« récréation pour mon âme affligée. Je me ré-
« jouis que vous soyez le premier Français qui
« ait tenté d'ouvrir les yeux de ceux qui, ne vou-
« lant juger qu'avec l'entendement des autres,
« se laissent diriger par la foule. Vous avez
« amolli et réchauffé un métal qui a été jusqu'à
« présent dur et difficile à manier ; ainsi nous
« pouvons espérer que d'autres, en vous imitant,
« nous donneront des ouvrages utiles sur la
« peinture. Après avoir considéré la distribution
« que nous donne le sieur François Junius des
« différentes parties de cet art, j'essaye d'écrire
« brièvement ce que j'en ai retenu ; mais pre-
« mièrement il est nécessaire de savoir et de
« définir ce que c'est que la peinture.

DÉFINITION.

« La peinture est une imitation de tous les
« objets que l'on voit sous le soleil, représentés

« au moyen de lignes et de couleurs sur des
« surfaces ; son but est de plaire.

*Principes qui peuvent s'apprendre par tout
homme capable de raisonner.*

On ne peut rien représenter sans lumière,
   id.   sans forme,
   id.   sans distance,
   id.   sans couleur,
   id.   sans instrument.

*Parties essentielles de l'art du peintre qui ne
peuvent s'apprendre.*

« Premièrement, le sujet doit être noble, et
« ne doit pas tirer tout son mérite du travail
« mécanique de l'artiste ; ce sujet doit être sus-
« ceptible de recevoir les plus belles formes pour
« donner un plein essor au talent de l'artiste. Il
« doit commencer par la composition, et consul-
« ter en tout et partout l'à-propos, la beauté, la
« grâce, la vivacité, le costume, la probabilité,
« le bon sens, et en général tout ce qui peut
« embellir son sujet. Ces dernières qualités dé-
« pendent uniquement du peintre, et on ne peut
« donner de règles à ce sujet. C'est ce rameau
« d'or de Virgile qu'aucun homme ne peut ni

« trouver ni cueillir, s'il n'est guidé par le destin.
« Ces neuf qualités méritent, sous plusieurs rap-
« ports, d'être traitées par quelque auteur dis-
« tingué et savant.

« Je vous prie d'examiner cette légère esquisse,
« et de me dire sans flatterie ce que vous en
« pensez. Je sais que vous aimez non seulement
« à entretenir la flamme d'une lampe, mais que
« vous lui prodiguez l'huile la plus pure. Je pour-
« rais en dire davantage sur ce sujet, mais je me
« trouve moins bien après une sérieuse applica-
« tion. Quant au reste de l'ouvrage, je rougis
« en me voyant placé au même rang que des
« hommes dont le mérite et la vertu surpassent
« autant les miens que la planète de Saturne est
« élevée au-dessus de la nôtre. C'est un com-
« pliment que je dois sans doute à votre ami-
« tié, etc. etc. »

La peine de cœur, dont il parle au commencement de cette lettre, était occasionnée par la
mort de sa femme, qui eut lieu au commencement de l'année 1665, année qui vit aussi termi-
ner sa propre vie. Il était déjà devenu paraly-
tique, et la perte d'une personne qui avait été si
long-temps sa compagne et son amie, paraît
avoir accéléré sa fin. Lorsqu'il écrivit à M. de
Chantelou pour lui faire part de la perte qu'il
venait de faire, il était si faible qu'il lui fallut dix

jours pour écrire sa lettre. Il était tellement per-
suadé que sa fin approchait, qu'il recommandait
ses affaires de famille aux soins de cet excellent
ami, et surtout celles qui avaient rapport à ses
parens des Andelys (1). Depuis ce moment il n'a
plus écrit que la lettre rapportée ci-dessus. Son
beau-frère, Jean Dughet, écrivait pour lui; au
bout de peu de temps il devint trop infirme pour
quitter la maison. Nous apprenons par une lettre
de M. Dughet à M. de Chantelou, datée du
28 octobre, qu'un abcès douloureux et une in-
flammation d'entrailles s'étaient joints à ses autres maux. Néanmoins ses facultés morales conservèrent toute leur force jusqu'au 19 novembre,
jour où il expira vers midi, dans sa soixante-
douzième année. Il avait fait son testament deux
mois auparavant; il y défendait toute dépense
extraordinaire pour ses funérailles, et disposait
comme suit de son bien, qui montait à environ
cinquante mille livres : il donnait mille écus aux
parens de sa femme, mille à sa nièce, Françoise
Le Tellier, qui demeurait aux Andelys; et il

_____

(1) La famille de sa sœur, qui avait épousé un homme
de cette ville, nommé Le Tellier. Son fils, Jean Le
Tellier, avait assez de talent pour la peinture, et l'on
trouve du mérite dans quelques tableaux d'autel qu'il a
peints pour cette partie de la Normandie.

instituait Jean Le Tellier, son neveu, pour son
légataire universel.

Il n'y a peut-être jamais eu de particulier plus
profondément regretté que Nicolas Poussin. La
douce vivacité de sa conversation, la tendre
bienveillance avec laquelle il traitait ses amis et
ses parens, la modestie de son caractère qui
l'empéchait de blesser personne, et enfin la
manière facile et l'abandon avec lequel il parlait
de son art, rendaient sa société inestimable, soit
qu'on le considère comme peintre ou comme
simple particulier. Sa mort causa une sensation
générale dans Rome, sa patrie adoptive; tous
les amis de l'art se réunirent pour accompagner
ses restes à l'église de San Lorenzo in Lucina,
où il fut enseveli (1), et où l'on voit deux in-
scriptions latines en son honneur.

Quelques années après, le chevalier d'Agin-
court plaça au Panthéon un buste en marbre du

_____

(1) Il existe à la galerie du Louvre (1) un joli petit tableau de Bergeret, représentant le service funèbre du Poussin. Le cardinal Massimi, Gaspard Poussin, et une de ses
sœurs, Lanfranc, l'Algarde, Saint-Nicaise, et un ou deux
amis intimes du Poussin sont représentés autour de la
bière, dans laquelle le corps est à moitié exposé, conformément à l'usage suivi en Italie dans les funérailles.

(1) Ce tableau est maintenant au Luxembourg. (*Note du Tra-*
ducteur.)

Poussin, avec une inscription dans laquelle il est appelé le peintre des philosophes. Un autre buste du même est très convenablement placé à côté de celui de Raphaël, dans le vestibule de l'Académie française des beaux-arts à Rome, et il y a peu d'années qu'une excellente statue du Poussin a été exécutée par un sculpteur français.

Le Poussin était grand, bien fait, et d'une bonne constitution : son teint était olivâtre, et ses cheveux noirs, mais ils devinrent très blancs vers la fin de sa vie; il avait les yeux bleus, le nez long, le front large, et le regard à la fois noble et modeste.

Il y a un portrait de lui au Louvre, probablement le même qu'il peignit pour M. de Chantelou, qui le lui avait demandé avec instance. Le Poussin lui répondit qu'il ne connaissait pas à Rome d'artiste capable de le bien exécuter; et son ami, renouvelant sa demande, il l'entreprit lui-même, quoiqu'il lui en coûtât un peu, n'ayant peint aucun portrait depuis vingt-huit ans. Un portrait semblable à celui-là, avec quelques légères différences dans le second plan, est au palais Rospigliosi à Rome; nous devons croire que c'est un original, car la famille de ce nom était au nombre de ses amis et de ses protecteurs.

Après les premières années de son séjour à
Rome, et surtout depuis son retour de Paris, le
Poussin aurait pu se faire une fortune considérable ; mais ses désirs étaient très modérés : après
qu'il avait fixé le prix de ses tableaux, qui était
toujours au-dessous de leur valeur, il écrivait la
somme sur la toile ; si quelqu'un lui envoyait
au-delà du prix demandé, il renvoyait l'argent;
il avait aussi coutume d'envoyer avec chaque
tableau une lettre dans laquelle il développait
ses raisons pour avoir traité son sujet de telle
ou telle manière, répondant ainsi d'avance aux
critiques qu'on aurait pu lui faire.

On ne saurait donner une meilleure idée du
caractère du Poussin comme peintre, que par
ces paroles de Reynolds, qui, après avoir fait
connoître le genre de Rubens, ajoute : « On
« peut opposer à cette manière éclatante, né-
« gligée, abandonnée et sans précision, la ma-
« nière simple, soignée, pure et correcte du
« Poussin, et on aura un parfait contraste. Ce-
« pendant ces deux caractères, bien qu'opposés,
« avaient un rapport : c'est que tous deux con-
« servèrent un accord parfait dans les diverses
« parties de leurs genres respectifs; tellement
« qu'on peut douter si on ne détruirait pas l'ef-
« fet qu'ils produisent en corrigeant leurs dé-
« fauts.

« Le Poussin avait tellement vécu au milieu
« des anciennes statues, qu'on peut dire qu'il
« s'était plus familiarisé avec elles qu'avec les
« personnes qui l'entouraient. J'ai eu souvent
« l'idée que sa vénération pour ces statues lui
« faisait désirer de donner l'air de peintures an-
« tiques à ses tableaux. Il est certain qu'il a copié
« des ouvrages antiques, entre autres le *Mariage*
« du palais (1) Aldobrandini, qui est selon moi
« le plus beau reste des temps antiques.

« Aucun tableau moderne ne ressemble au-
« tant aux peintures des anciens, que ceux du
« Poussin. Ses meilleurs ouvrages ont beaucoup
« de sécheresse ; et, bien que l'on ne puisse re-
« commander l'imitation de ce défaut, il semble
« s'accorder parfaitement avec l'antique simpli-
« cité qui distingue son style. Ainsi que Poli-
« dore, il a tant étudié les anciens, qu'il a pris
« l'habitude de penser d'après eux, et il semble
« avoir la connaissance des actions et des gestes
« dont ils se seraient servis dans les diverses
« circonstances de la vie.

« Le Poussin, dans les derniers temps de sa
« vie, changea sa manière sèche contre une plus
« moelleuse et plus riche, où l'on remarque une
« plus grande liaison entre les figures et le ter-

(1) Maintenant au Vatican.

« rain, comme on le voit dans les *Sept Sacre-*
« *mens* de la collection du duc d'Orléans ; mais
« les tableaux qu'il a peints dans cette seconde
« manière ne peuvent se comparer à la plupart
« de ceux qu'il a composés dans sa manière dure,
« et que nous possédons en Angleterre.

« Les sujets favoris du Poussin sont tirés de
« la fable, et jamais peintre n'a réuni plus de
« qualités pour représenter de tels sujets, non
« seulement parce qu'il était très versé dans la
« connaissance des cérémonies, mœurs et cou-
« tumes des anciens, mais parce qu'il avait aussi
« une profonde connaissance des caractères at-
« tribués à ces personnages allégoriques, par
« ceux qui les ont imaginés.

« Bien que Rubens ait fait preuve de beau-
« coup d'imagination dans ses Silènes, ses Fau-
« nes et ses Satyres ; cependant ils ne forment
« pas une classe aussi distincte que ceux des an-
« ciens et du Poussin. Dans de tels sujets l'esprit
« retourne vers l'antiquité, et il ne faut rien in-
« troduire qui puisse nous tirer de notre illusion.
« Lorsqu'on représente des sujets antiques, il ne
« doit rien se trouver dans le tableau qui nous
« ramène aux temps modernes.

« Le Poussin semblait être d'opinion que le
« style et le langage dans lesquels ces récits nous
« sont rapportés, ne seront que plus agréables

« en conservant quelque chose de la manière an-
« tique de peindre, qui donne une apparence
« d'ensemble au tout, de telle sorte que le sujet
« et la manière dont il est traité nous reportent
« également en arrière.

   « Si le Poussin, à l'imitation des anciens,
« nous montre Apollon sortant de l'Océan dans
« son char, pour représenter le soleil levant;
« s'il personnifie les rivières et les lacs, nous n'en
« sommes point choqués, et cela nous paraît
« conforme au reste du tableau. Mais si ses figu-
« res avaient quelque chose de moderne, si elles
« ressemblaient à celles qui nous entourent, si
« ses draperies avaient du rapport avec les draps
« et les étoffes de nos manufactures; si son paysage
« avait l'apparence d'une vue moderne, combien
« ne nous semblerait-il pas ridicule de voir pa-
« raître Apollon à la place du soleil; et un vieil-
« lard ou une nymphe avec une urne, au lieu
« d'une rivière ou d'un lac! »

   Le Poussin doit être regardé comme un peintre
d'histoire dans le sens le plus littéral de ce mot.
Michel-Ange recherche trop le sublime et l'effet
général pour faire bien comprendre une histoire
ordinaire. Ses compositions sont épiques, ses figures et ses couleurs ont aussi peu de rapport avec
la vie commune, que les gestes des acteurs
avec la vie indolente de la plupart des hommes.

Les figures de Raphaël nous inspirent tant d'intérêt, que nous oublions, en les regardant, qu'elles ne forment que partie du tout. Nous les suivons comme des personnages dramatiques; nous pleurons, nous espérons, nous nous lamentons, et nous nous réjouissons avec elles. Celles du Poussin, au contraire, servent éminemment à faire comprendre l'histoire; mais nous ne nous sentons pas avec elles la même sympathie que nous éprouvons pour les figures de Raphaël. Le Cicéron du Poussin nous fera entendre sa foudroyante éloquence dans le forum, ou dissipera une conjuration; mais celui de Raphaël nous inspirera le désir de nous retirer avec lui à Tusculum, loin du tumulte, et d'apprendre dans la solitude à chérir les vertus et même les faiblesses d'un grand homme.

Le Poussin nous a prouvé que la grâce et l'expression peuvent être indépendantes de ce qu'on est convenu d'appeler de la beauté. Ses femmes n'ont pas cet air doux et séduisant que d'autres peintres ont su donner, non seulement à leurs Vénus et à leurs Grâces, mais aussi aux madones et aux saintes. Ses beautés ont un caractère sévère et plein de dignité; il semble plutôt avoir pris Minerve et les Muses pour ses modèles que les habitantes de Cythère; aussi réussit-il mieux à peindre le mouvement que le repos. Ses *Saintes-Familles* sont, par cette raison, inférieures à ses autres tableaux. Malgré la science qu'il a montrée dans la disposition de ses figures, malgré la perfection du dessin des enfans (et en cela peu de peintres l'ont égalé), malgré les charmans paysages dont il a entouré ses groupes, nous regardons ses *Saintes-Familles* avec une froide approbation, parce que ses vierges n'ont pas ce caractère de beauté, délicat, féminin, gracieux et cependant chaste que nous cherchons dans ce genre de tableaux.

Nous remarquons peut-être aussi davantage dans de tels sujets le coloris défectueux et le manque de clair-obscur. Le peu de force d'expressions que comporte ces tableaux, et leur nombre immense (qui a forcé les nomenclateurs à les désigner par quelques circonstances accidentelles, telles que les surnoms de *la Chaise*, *l'Écuelle*, etc.) (1), sont de si grands désavantages, qu'il faut tout ce que l'art et la nature réunis peuvent produire de mieux pour qu'un nouveau tableau de la Sainte-Famille fasse quelque

____

(1) Par exemple, le charmant tableau de Raphaël, *della Madona della Seddia*, au palais Pitti; et celui du Corrége, *della Madona della Scudella*, etc. etc.

plaisir ; et lorsque quelques-unes des grandes ressources de la peinture ne suppléent pas à ces in-
convéniens , on ne remarque que les défauts.

Nous ne sommes pas si exigeans pour un
tableau d'histoire ; les personnages agissent en
quelque sorte sous nos yeux ; nous excusons plus
facilement un mauvais coloris ou une lumière
trop étendue , pourvu qu'elle ne rende pas les
objets confus. Lorsque dans les meilleures compositions du Poussin les figures sont disposées
comme sur un bas-relief, la lumière et l'ombre
tombent naturellement ainsi qu'il les a distribuées, et cette manière s'accorde avec ce genre de
disposition. Cet arrangement fut certainement de
son choix ; il ne prodiguait pas les figures , et avait
coutume de dire qu'une seule de trop détruisait
l'effet d'un tableau. Ainsi il craignait d'introduire
des personnages qui ne fussent pas absolument
nécessaires à l'action , soit pour embellir un
groupe , soit pour étendre ou concentrer une
masse de lumière. Ses figures n'avaient d'autre
but que de rendre le sujet intelligible ; l'œil peut
n'être pas toujours satisfait, mais le Poussin peut
toujours supporter la critique du bon sens qui
décidera immanquablement en sa faveur.

Cependant , comme le but de la peinture est
de plaire , on peut mettre en doute si ce grand

peintre n'a pas poussé trop loin l'attention qu'il portait à l'expression. Dans un ou deux de ses tableaux n'a-t-il pas excité du dégoût au premier coup d'œil ? et ne sommes-nous pas forcés de faire un effort pour contempler les beautés qu'ils renferment ? Voilà quels sont ses défauts ; ils sont à la portée du plus ignorant, et celui qui aura le moins de connaissance de l'art les lui reprochera le plus. Ses belles qualités, au contraire, étant difficiles à acquérir et rarement possédées, ne seront pas reconnues aussi promptement. Il n'a peut-être jamais été égalé dans l'art de choisir un sujet, ou de saisir le moment le plus heureux pour le représenter ; par exemple, dans le tableau du *Pyrrhus sauvé*, les rebelles viennent d'atteindre les défenseurs du jeune prince et sont aux mains avec ses gardes ; les Mégariens au-delà du fleuve font des signes, et donnent ainsi l'espoir d'un secours ; mais l'incertitude est encore assez forte pour répandre sur cette composition beaucoup de mouvement et un intérêt très vif. Aucun peintre n'a su mieux que le Poussin émouvoir les passions et les affections de l'âme. Le *Massacre des Innocens* nous fournira à la fois un exemple où il a offert des scènes trop cruelles aux yeux du spectateur, et du talent avec lequel il savait agir sur les ressorts secrets de l'âme. Il y a peu de contes moraux ou de fables qui parlent davantage au cœur que son tableau des *Bergers d'Arcadie.*

Ces qualités dépendaient de son entendement, et auraient été les mêmes avec une science moins entendue. Le plus grand nombre de ses tableaux exigeait non seulement du goût et du jugement, mais aussi du savoir dans toutes les branches, et surtout une profonde connaissance de l'histoire, de la poésie et de l'antiquité. Soit que son sujet fût hébreu, égyptien, grec ou romain, il était au fait des coutumes et des manières qui devaient caractériser chaque peuple. On ne peut citer un de ses tableaux qui ne soit remarquable par cette perfection. Nous ne dirons rien des sujets de la fable après les citations de Reynolds. Lanzi dit, en parlant de ses paysages : « Je ne crois pas exagérer en disant que les « Caracci firent faire des progrès à l'art de peindre « le paysage, et que le Poussin a amené cet art « à la perfection. » Il s'est surtout appliqué à donner la vérité à ses scènes ; les arbres, les rochers, les ciels de ses paysages sont de la nature la plus vraie et la plus belle ; les figures sont remplies de grâce et adaptées aux paysages. On peut dire qu'il a reçu les mêmes inspirations que les anciens poètes ; et nous croyons voir dans ses tableaux la vallée de Tempé habitée de nouveau par ses nymphes, ou dans les bosquets d'Aricia, les fiancées d'Albano venant consacrer leurs tresses à Diane dans le temple d'Hippolyte. Il y a peu de chances pour qu'un artiste de ce pays tombe dans les défauts du Poussin. Le goût national a adopté un genre plus brillant. Rubens est plus admiré, et serait plus imité que le Poussin. Mais nos jeunes artistes ne perdraient rien s'ils imitaient ce dernier dans son ardeur pour la recherche de la perfection. Qu'ils soient ambitieux de peindre des tableaux brillans, mais ils ne pourront que gagner en recherchant assidûment l'exactitude, le savoir et l'expression. On ne peut aplanir la route de la peinture, et il faut avouer que la route suivie par le Poussin était escarpée et semée de rochers; mais lorsqu'il eut atteint le but, quelle magnifique perspective s'ouvrit devant lui! Quels que soient ses défauts, il faut l'imiter dans son ardeur et dans la méthode de ses études. Lanzi le qualifie de « parfait « modèle à suivre pour un étudiant à Rome. » A la vérité sa passion pour l'antique lui fit trop négliger le modèle vivant; mais ce ne fut pas par indolence; et s'il avait joint à ses dessins exacts, aux mesures (1) et aux modèles qu'il prenait, au-

_____

(1) Sa mesure de la statue, dite autrefois de l'*Antinoüs*,

tant de pratique d'après nature, pour ses figures que pour ses paysages, il serait devenu peut-être un peintre parfait.

On peut faire une observation quant aux conséquences qui résultent de l'usage suivi d'étudier seulement à Rome l'art de la peinture. Le peintre ne s'occupe que de la forme et de l'expression. Les grands maîtres romains ne sont pas célèbres pour le coloris ou le clair-obscur, et un artiste qui se forme ferait bien de visiter d'autres écoles avant de décider quel sera son but principal. Si le Poussin avait étudié à Venise, il serait devenu probablement un excellent coloriste. Il n'aurait peut-être pas gagné au change ; mais si un artiste ne se sent pas une préférence très décidée pour la manière du Poussin, ou des talens qui l'y portent naturellement, il plaira davantage à ses compatriotes en rapportant en Angleterre plus de l'école vénitienne que de la romaine.

Cette esquisse imparfaite de la vie, du caractère et des études du Poussin, est humblement offerte aux artistes anglais par un amateur de l'art qui n'a point la prétention de se donner comme connaisseur, mais qui s'est hasardé à exprimer ce qui paraît être la vérité à une personne

---

et à qui on a depuis donné différens noms, a été publiée, et peut être considérée comme utile et exacte.

sans préjugés, dans l'espoir d'être de quelque utilité par cette vérité même, si elle doit renoncer à exciter de l'intérêt sous d'autres rapports.

FIN DE LA VIE.

DEUX DIALOGUES

DES MORTS DE FÉNELON,

DESTINÉS A DÉCRIRE DEUX TABLEAUX DU POUSSIN.

DIALOGUE Ier.

PARRHASIUS ET POUSSIN.

PARRHASIUS.

Il y a déjà assez long-temps qu'on nous faisait attendre votre venue ; il faut que vous soyez mort assez vieux.

POUSSIN.

Oui, et j'ai travaillé jusque dans une vieillesse fort avancée.

PARRHASIUS.

On vous a marqué ici une place assez honorable, à la tête des peintres français : si vous aviez été mis parmi les Italiens, vous seriez en meilleure compagnie. Mais ces peintres, que Vasari nous vante tous les jours, vous auraient fait bien des querelles. Il y a ces deux écoles lombarde et florentine, sans parler de celle qui se forma encore à Rome : tous ces gens-là nous rompent sans

cesse la tête par leurs jalousies. Ils avaient pris
pour juges de leurs différends Apelles, Zeuxis et
moi ; mais nous aurions plus d'affaires que Minos,
Eaque et Rhadamanthe, si nous les voulions accorder : ils sont même jaloux des anciens, et
osent se comparer à nous. Leur vanité est in-
supportable.

POUSSIN.

Il ne faut point faire de comparaison, car vos
ouvrages ne restent point pour en juger, et je
crois que vous n'en faites point sur le bord du
Styx ; il y fait un peu trop obscur pour y exceller
dans le coloris, dans la perspective, et dans la
dégradation de lumière. Un tableau fait ici-bas
ne pourrait être qu'une nuit, tout y serait ombre.
Pour revenir à vous autres anciens, je conviens
que le préjugé général est en votre faveur. Il y
a sujet de croire que votre art, qui est du même
goût que la sculpture, avait été poussé jusqu'à la
même perfection, et que vos tableaux égalaient
les statues de Praxitèle, de Scopas et de Phidias ; mais enfin il ne nous reste rien de vous, et
la comparaison n'est plus possible ; par là vous
êtes hors de toute atteinte, et vous nous tenez
en respect. Ce qui est vrai, c'est que nous autres
peintres modernes, nous devons nos meilleurs
ouvrages aux modèles antiques que nous avons
étudiés dans les bas-reliefs. Ces bas-reliefs, quoi-

qu'ils appartiennent à la sculpture, font assez
entendre avec quel goût on devait peindre dans
ce temps-là. C'est une demi-peinture.

PARRHASIUS.

Je suis ravi de trouver un peintre si équitable
et si modeste. Vous comprenez bien que quand
Zeuxis fit des raisins qui trompaient les petits
oiseaux, il fallait que la nature fût bien imitée
pour tromper la nature même. Quand je fis ensuite un rideau qui trompa les yeux si habiles du
grand Zeuxis, il se confessa vaincu. Voyez jusqu'où nous avions poussé cette belle erreur.
Non, non, ce n'est pas pour rien que tous les
siècles nous ont vantés. Mais dites-moi quelque
chose de vos ouvrages. On a rapporté ici à Phocion que vous aviez fait de beaux tableaux où il
est représenté ; cette nouvelle l'a réjoui : est-elle
véritable ?

POUSSIN.

Sans doute, j'ai représenté son corps que deux
esclaves emportent hors de la ville d'Athènes ;
ils paraissent tous deux affligés, et ces douleurs
ne se ressemblent en rien. Le premier de ces esclaves est vieux, il est enveloppé dans une draperie négligée ; le nu des bras et des jambes
montre un homme fort et nerveux ; c'est une
carnation qui marque un corps durci au travail.
L'autre est jeune, couvert d'une tunique qui fait

des plis assez gracieux. Les deux attitudes sont différentes dans la même action, et les deux airs des têtes sont fort variés, quoiqu'ils soient tous deux serviles.

PARRHASIUS.

Bon. L'art n'imite bien la nature qu'autant qu'il attrape cette variété infinie dans ses ouvrages ; mais le mort.....

POUSSIN.

Le mort est caché sous une draperie confuse qui l'enveloppe. Cette draperie est négligée et pauvre. Dans le convoi tout est capable d'exciter la pitié et la douleur.

PARRHASIUS.

On ne voit donc point le mort ?

POUSSIN.

On ne laisse pas de remarquer sous cette draperie confuse la forme de la tête et de tout le corps ; pour les jambes, elles sont découvertes : on peut y remarquer, non seulement la couleur flétrie de la chair morte, mais encore la roideur et la pesanteur des membres affaissés. Les deux esclaves qui emportent le corps le long d'un grand chemin, trouvent à côté du chemin de grandes pierres taillées en carré dont quelques unes sont élevées en ordre au-dessus des autres ; en sorte que l'on croit voir les ruines de quelque majestueux édifice. Le chemin paraît sablonneux et battu.

PARRHASIUS.

Qu'avez-vous mis aux deux côtés de ce tableau pour accompagner vos figures principales?

POUSSIN.

Au côté droit sont deux ou trois arbres dont le tronc est d'une écorce âpre et noueuse ; ils ont peu de branches, dont le vert, qui est un peu faible, se perd insensiblement dans le ciel. Derrière ces longues tiges d'arbres on voit la ville d'Athènes.

PARRHASIUS.

Il faut un contraste bien marqué dans le côté gauche.

POUSSIN.

Le voici : c'est un terrain raboteux ; on y voit des creux qui sont dans une ombre très forte, et des pointes de rochers fort éclairées. Là se présentent aussi quelques buissons sauvages. Il y a un peu au-dessus un chemin qui mène à un bocage sombre et épais ; un ciel extrêmement clair donne encore plus de force à cette verdure sombre.

PARRHASIUS.

Bon ; voilà qui est bien. Je vois que vous savez le grand art des couleurs, qui est de fortifier l'une par son opposition avec l'autre.

POUSSIN.

Au-delà de ce terrain rude se présente un gazon frais et tendre ; on y voit un berger appuyé
sur sa houlette, et occupé à regarder ses moutons
blancs comme la neige, qui errent en paissant
dans une prairie. Le chien du berger est couché
et dort derrière lui. Dans cette campagne on voit
un autre chemin où passe un chariot traîné par
des bœufs. Vous remarquez d'abord la force et la
pesanteur de ces animaux, dont le cou est penché
vers la terre, et qui marchent à pas lents. Un
homme d'un air rustique est devant le chariot :
une femme marche derrière, et elle paraît la
fidèle compagne de ce simple villageois. Deux
autres femmes voilées sont sur le chariot.

PARRHASIUS.

Rien ne fait un plus sensible plaisir que ces
peintures champêtres ; nous les devons aux
poètes. Ils ont commencé à chanter dans leurs
vers les grâces naïves de la nature simple et sans
art ; nous les avons suivis. Les ornemens d'une
campagne où la nature est belle, sont une image
plus riante que toutes les magnificences que l'art
a pu inventer.

POUSSIN.

On voit au côté droit, dans ce chemin, un
cheval alezan, un cavalier enveloppé dans un
manteau rouge. Le cavalier et le cheval sont

penchés en avant ; ils semblent s'élancer pour courir avec plus de vitesse. Les crins du cheval, les cheveux de l'homme, son manteau, tout est flottant et repoussé par le vent en arrière.

PARRHASIUS.

Ceux qui ne savent que représenter des figures gracieuses n'ont atteint que le genre médiocre. Il faut peindre l'action , le mouvement, animer les figures, et exprimer les passions de l'âme. Je vois que vous êtes bien entré dans le goût antique.

POUSSIN.

Plus avant on trouve un gazon sous lequel paraît un terrain de sable. Trois figures humaines sont sur cette herbe ; il y en a une debout, couverte d'une robe blanche à plis flottans ; les deux autres sont assises près d'elle sur le bord de l'eau, et il y en a une qui joue de la lyre. Au bout de ce terrain couvert de gazon on voit un bâtiment carré orné de bas-reliefs et de festons, d'un bon goût d'architecture simple et noble. C'est sans doute un tombeau de quelque citoyen qui était mort peut-être avec moins de vertu, mais plus de fortune que Phocion.

PARRHASIUS.

Je n'oublie pas que vous m'avez parlé du bord de l'eau. Est-ce la rivière d'Athènes , nommée l'*Ilissus* ?

POUSSIN.

Oui ; elle paraît en deux endroits aux côtés de ce tombeau. Cette eau est pure et claire ; le ciel serein qui est peint dans cette eau sert à la rendre encore plus belle ; elle est bordée de saules naissans et d'autres arbrisseaux tendres dont la fraîcheur réjouit la vue.

PARRHASIUS.

Jusque-là il ne me reste rien à souhaiter ; mais vous avez encore un grand et difficile objet à me représenter ; c'est là que je vous attends.

POUSSIN.

Quoi ?

PARRHASIUS.

C'est la ville. C'est là qu'il faut montrer que vous savez l'histoire, le costume, l'architecture.

POUSSIN.

J'ai peint cette grande ville d'Athènes sur la pente d'un coteau, pour la mieux faire voir. Les bâtimens y sont par degrés dans un amphithéâtre naturel. Cette ville ne paraît point grande au premier coup d'œil ; on n'en voit près de soi qu'un morceau assez médiocre, mais le derrière qui s'enfuit découvre une assez grande étendue d'édifices.

PARRHASIUS.

Y avez-vous évité la confusion ?

POUSSIN.

J'ai évité la confusion et la symétrie. J'ai fait beaucoup de bâtimens irréguliers ; mais ils ne laissent pas de faire un assemblage gracieux où chaque chose a sa place la plus naturelle. Tout se démêle et se distingue sans peine, tout s'unit et fait corps ; ainsi il y a une confusion apparente, et un ordre véritable quand on l'observe de près.

PARRHASIUS.

N'avez-vous pas mis sur le devant quelque principal édifice ?

POUSSIN.

J'y ai mis deux temples ; chacun a une grande enceinte comme il la doit avoir, où l'on distingue le corps du temple, des autres bâtimens qui l'accompagnent. Le temple qui est à la droite a un portail orné de quatre grandes colonnes de l'ordre corinthien, avec un fronton et des statues. Autour de ce temple on voit des festons pendans ; c'est une fête que j'ai voulu représenter suivant la vérité de l'histoire. Pendant qu'on emporte Phocion hors de la ville vers le bûcher, tout le peuple en joie et en pompe fait une grande solennité autour du temple dont je vous parle. Quoique ce peuple paraisse assez loin, on ne laisse pas de remarquer sans peine une action de joie pour honorer les dieux. Derrière ce temple

9

paraît une grosse tour très haute ; au sommet
est une statue de quelque divinité. Cette tour
est comme une grosse colonne.

PARRHASIUS.

Où est-ce que vous en avez pris l'idée ?

POUSSIN.

Je ne m'en souviens plus, mais elle est sûrement prise dans l'antique ; car jamais je n'ai
pris la liberté de rien donner à l'antiquité qui ne
fût tiré de ses monumens. On voit aussi auprès
de cette tour un obélisque.

PARRHASIUS.

Et l'autre temple, n'en direz-vous rien ?

POUSSIN.

Cet autre temple est un édifice rond, soutenu
de colonnes ; l'architecture en paraît majestueuse
et singulière. Dans l'enceinte on remarque divers grands bâtimens avec des frontons. Quelques
arbres en dérobent une partie à la vue. J'ai voulu
marquer un bois sacré.

PARRHASIUS.

Mais venons au corps de la ville.

POUSSIN.

J'ai cru y devoir marquer les divers temps de
la république d'Athènes, sa première simplicité
à remonter jusque vers les temps héroïques, et
sa magnificence dans les siècles suivans où les
arts y ont fleuri. Ainsi j'ai fait beaucoup d'édi-

fices ou ronds ou carrés avec une architecture
régulière, et beaucoup d'autres qui sentent cette
antiquité rustique et guerrière. Tout y est d'une
figure bizarre; on ne voit que tours, que créneaux, que hautes murailles, que petits bâtimens
inégaux et simples. Une chose rend cette ville
agréable, c'est que tout y est mêlé de grands édifices et de bocages. J'ai cru qu'il fallait mettre de
la verdure partout pour représenter les bois sa-
crés des temples, et les arbres qui étaient soit dans
les gymnases, ou dans les autres édifices publics.
Partout j'ai tâché d'éviter de faire des bâtimens
qui eussent rapport à ceux de mon temps et de
mon pays, pour donner à l'antiquité un caractère facile à reconnaître.

PARRHASIUS.

Tout cela est observé judicieusement. Mais
je ne vois point l'Acropolis : l'avez-vous oublié?
ce serait dommage.

POUSSIN.

Je n'avais garde. Il est derrière toute la ville
sur le sommet de la montagne, laquelle domine
tout le coteau en pente. On voit à ses pieds de
grands bâtimens fortifiés par des tours. La montagne est couverte d'une agréable verdure. Pour
la citadelle, il paraît une assez grande enceinte
avec une vieille tour qui s'élève jusque dans la
nue. Vous remarquerez que la ville, qui va tou-

jours en baissant vers le côté gauche, s'éloigne insensiblement et se perd entre un bocage fort sombre dont je vous ai parlé, et un petit bouquet d'autres arbres d'un vert brun et foncé, qui est sur le bord de l'eau.

PARRHASIUS.

Je ne suis pas encore content. Qu'avez-vous mis derrière toute cette ville ?

POUSSIN.

C'est un lointain où l'on voit des montagnes escarpées et assez sauvages. Il y en a une derrière ces beaux temples, et cette pompe si riante dont je vous ai parlé, qui est un roc tout nu et affreux. Il m'a paru que je devais faire le tour de la ville cultivé et gracieux comme celui des grandes villes l'est toujours; mais j'ai donné une certaine beauté sauvage au lointain, pour me conformer à l'histoire qui parle de l'Attique comme d'un pays rude et stérile.

PARRHASIUS.

J'avoue que ma curiosité est bien satisfaite, et je serais jaloux pour la gloire de l'antiquité, si on pouvait l'être d'un homme qui l'a imitée si modestement.

POUSSIN.

Souvenez-vous au moins que si je vous ai long-temps entretenu de mon ouvrage, je l'ai

fait pour ne vous rien refuser et pour me soumettre à votre jugement.

PARRHASIUS.

Après tant de siècles vous avez fait plus d'honneur à Phocion que sa patrie n'aurait pu lui en
faire le jour de sa mort par de somptueuses funérailles. Mais allons dans ce bocage ici près, où
il est avec Timoléon et Aristide, pour lui apprendre de si agréables nouvelles.

DIALOGUE II.

LÉONARD DE VINCI ET POUSSIN.

LÉONARD.

VOTRE conversation avec Parrhasius fait beaucoup de bruit en ce bas monde; on assure qu'il
est prévenu en votre faveur, et qu'il vous met
au-dessus de tous les peintres italiens. Mais nous
ne le souffrirons jamais.

POUSSIN.

Le croyez-vous si facile à prévenir? vous lui
faites tort, vous vous faites tort à vous-même,
et vous me faites trop d'honneur.

LÉONARD.

Mais il m'a dit qu'il ne connaissait rien de si
beau que le tableau que vous lui avez représenté.
A quel propos offenser tant de grands hommes
pour un seul qui.....

POUSSIN.

Mais pourquoi croyez-vous qu'on vous offense
en louant les autres ? Parrhasius n'a point fait
de comparaison. De quoi vous fàchez-vous ?

LÉONARD.

Oui vraiment, un petit peintre français qui fut
contraint de quitter sa patrie pour aller gagner
sa vie à Rome !

POUSSIN.

Oh, puisque vous le prenez par là, vous n'aurez pas le dernier mot. Eh bien ! je quittai la
France, il est vrai, pour aller vivre à Rome, où
j'avais étudié les modèles antiques, et où la peinture était plus en honneur qu'en mon pays ;
mais enfin, quoique étranger, j'étais admiré dans
Rome ; et vous qui étiez Italien, ne fûtes-vous
pas obligé d'abandonner votre pays, quoique la
peinture y fût honorée, pour aller mourir à la
cour de François Ier ?

LÉONARD.

Je voudrais bien examiner un peu quelques
uns de vos tableaux sur les règles de peinture
que j'ai expliquées dans mes livres. On verrait
autant de fautes que de coups de pinceau.

POUSSIN.

J'y consens. Je veux croire que je ne suis pas
aussi grand peintre que vous ; mais je suis moins
jaloux de mes ouvrages. Je vais vous mettre

devant les yeux toute l'ordonnance d'un de mes tableaux : si vous y remarquez des défauts, je les avouerai franchement ; si vous approuvez ce que j'ai fait, je vous contraindrai à m'estimer un peu plus que vous ne faites.

LÉONARD.

Eh bien ! voyons donc. Mais je suis un sévère critique ; souvenez-vous-en.

POUSSIN.

Tant mieux. Représentez-vous un rocher qui est dans le côté gauche du tableau. De ce rocher tombe une source d'eau pure et claire, qui, après avoir fait quelques petits bouillons dans sa chute, s'enfuit au travers de la campagne. Un homme qui était venu puiser de cette eau, est saisi par un serpent monstrueux : le serpent se lie autour de son corps, et entrelace ses bras et ses jambes par plusieurs tours, le serre, l'empoisonne de son venin, et l'étouffe. Cet homme est déjà mort ; il est étendu ; on voit la pesanteur et la roideur de tous ses membres ; sa chair est déjà livide ; son visage affreux représente une mort cruelle.

LÉONARD.

Si vous ne nous représentez point d'autre objet, voilà un tableau bien triste.

POUSSIN.

Vous allez voir quelque chose qui augmente

encore cette tristesse. C'est un autre homme
qui s'avance vers la fontaine : il aperçoit le serpent autour de l'homme mort, il s'arrête sou-
dainement; un de ses pieds demeure suspendu;
il lève un bras en haut, l'autre tombe en bas;
mais les deux mains s'ouvrent, elles marquent
la surprise et l'horreur.

LÉONARD.

Le second objet, quoique triste, ne laisse pas
d'animer le tableau et de faire un certain plaisir
semblable à ceux que goûtaient les spectateurs
de ces anciennes tragédies où tout inspirait l'horreur et la pitié ; mais nous verrons bientôt si
vous avez.....

POUSSIN.

Ah ! ah ! vous commencez à vous humaniser
un peu : mais attendez la suite, s'il vous plaît ;
vous jugerez selon vos règles quand j'aurai tout
dit. Là auprès est un grand chemin, sur le bord
duquel paraît une femme qui voit l'homme effrayé, mais qui ne saurait voir l'homme mort,
parce qu'elle est dans un enfoncement, et que
le terrain fait une espèce de rideau entre elle et
la fontaine. La vue de cet homme effrayé fait
en elle un contre-coup de terreur. Ces deux
frayeurs sont, comme on dit, ce que les douleurs doivent être : les grandes se taisent, les
petites se plaignent. La frayeur de cet homme

le rend immobile ; celle de cette femme, qui est
moindre, est plus marquée par la grimace de son
visage ; on voit en elle une peur de femme qui
ne peut rien retenir, qui exprime toute son
alarme, qui se laisse aller à tout ce qu'elle sent ;
elle tombe assise, elle laisse tomber ce qu'elle
porte, elle tend les bras et semble crier. N'est-il
pas vrai que ces airs divers de crainte et de surprise sont une espèce de jeu qui touche et qui
plaît ?

LÉONARD.

J'en conviens. Mais qu'est-ce que ce dessin ?
est-ce une histoire ? je ne le connais pas. C'est
plutôt un caprice.

POUSSIN.

C'est un caprice. Ce genre d'ouvrage nous
sied fort bien, pourvu que le caprice soit réglé, et
qu'il ne s'écarte en rien de la vraie nature. On
voit au côté gauche quelques grands arbres qui
paraissent vieux, et tels que ces antiques chênes
qui ont passé autrefois pour les divinités d'un
pays. Leurs tiges vénérables ont une écorce dure
et âpre qui fait fuir un bocage tendre et naissant,
placé derrière. Ce bocage a une fraîcheur déli-
cieuse ; on voudrait y être. On s'imagine un été
brûlant qui respecte ce bois sacré. Il est planté le
long d'une eau claire, et semble se mirer dedans.
On voit d'un côté un vert foncé, de l'autre une

eau pure où l'on découvre le sombre azur d'un
ciel serein. Dans cette eau se présentent divers
objets qui amusent la vue, pour la délasser de
tout ce qu'elle a vu d'affreux. Sur le devant du
tableau les figures sont toutes tragiques. Mais
dans le fond tout est paisible, doux et riant; ici
on voit des jeunes gens qui se baignent et qui se
jouent en nageant; là, des pêcheurs dans un bateau; les uns se penchent en avant et semblent
près de tomber, c'est qu'ils tirent un filet: deux
autres, penchés en arrière, rament avec effort.
D'autres sont sur le bord de l'eau jouant à la
mourre (1): il paraît dans les visages que l'un pense
un nombre pour surprendre son compagnon qui
paraît être attentif, de peur d'être surpris; d'autres se promènent au-delà de cette eau sur un
gazon frais et tendre. En les voyant dans un si
beau lieu, peu s'en faut qu'on n'envie leur bonheur. On voit assez loin une femme qui va sur
un âne à la ville voisine, et qui est suivie de deux
hommes: aussitôt on s'imagine voir ces bonnes
gens qui, dans leur simplicité rustique, vont
porter aux villes l'abondance des champs qu'ils
ont cultivés. Dans le même coin, à gauche, paraît,

---

(1) Jeu qui consiste à montrer une partie des doigts
levée et l'autre fermée, et à deviner en même temps le
nombre de ceux qui sont levés.

au-dessus du bocage, une montagne assez escarpée sur laquelle est un château.

LÉONARD.

Le côté gauche de votre tableau me donne la curiosité de voir le côté droit.

POUSSIN.

C'est un petit coteau qui vient en pente insensible jusques au bord de la rivière. Sur cette pente on voit en confusion des arbrisseaux et des buissons sur un terrain inculte. Au-devant de ce coteau sont plantés de grands arbres, entre lesquels on aperçoit la campagne, l'eau et le ciel.

LÉONARD.

Mais ce ciel, comment l'avez-vous fait ?

POUSSIN.

Il est d'un bel azur, mêlé de nuages clairs qui semblent être d'or et d'argent.

LÉONARD.

Vous l'avez fait ainsi sans doute pour avoir la liberté de disposer à votre gré de la lumière, et pour la répandre sur chaque objet selon vos desseins.

POUSSIN.

Je l'avoue ; mais vous devez avouer aussi qu'il paraît par là que je n'ignore point vos règles que vous vantez tant.

LÉONARD.

Qu'y a-t-il dans le milieu de ce tableau, au-delà de cette rivière ?

POUSSIN.

Une ville dont j'ai déjà parlé : elle est dans un enfoncement où elle se perd ; un coteau plein de verdure en dérobe une partie ; on voit de vieilles tours, des créneaux, de grands édifices, et une confusion de maisons dans une ombre très forte, ce qui relève certains endroits éclairés par une certaine lumière douce et vive qui vient d'en haut. Au-dessus de cette ville paraît ce que l'on voit presque toujours au-dessus des villes dans un beau temps, c'est une fumée qui s'élève et qui fait fuir les montagnes qui sont le lointain. Ces montagnes, de figure bizarre, varient l'horizon, en sorte que les yeux sont contens.

LÉONARD.

Ce tableau, sur ce que vous m'en dites, me paraît moins savant que celui de Phocion.

POUSSIN.

Il y a moins de science d'architecture, il est vrai ; d'ailleurs on n'y voit aucune connaissance de l'antiquité ; mais en revanche la science d'exprimer les passions est assez grande ; de plus, tout ce paysage a des grâces et une tendresse que l'autre n'égale point.

LÉONARD.

Vous seriez donc, à tout prendre, pour ce dernier tableau ?

POUSSIN.

Sans hésiter, je le préfère. Mais vous, qu'en pensez-vous sur ma relation ?

LÉONARD.

Je ne connais pas assez le tableau de Phocion pour le comparer. Je vois que vous avez assez étudié les bons modèles du siècle passé et mes livres ; mais vous louez trop vos ouvrages.

POUSSIN.

C'est vous qui m'avez contraint d'en parler ; mais sachez que ce n'est ni dans vos livres, ni dans les tableaux du siècle passé, que je me suis instruit, c'est dans les bas-reliefs antiques, où vous avez étudié aussi-bien que moi. Si je pouvais un jour retourner parmi les vivans, je peindrais bien la jalousie, car vous m'en donnez ici d'excellens modèles. Pour moi, je ne prétends vous rien ôter de votre science ni de votre gloire ; mais je vous céderais avec plus de plaisir si vous étiez moins entêté de votre rang. Allons trouver Parrhasius, vous lui ferez votre critique ; il décidera, s'il vous plaît ; car je ne vous cède à vous autres, messieurs les modernes, qu'à condition que vous céderez aux anciens. Après que Parrhasius aura prononcé, je serai prêt à retourner sur la terre pour corriger mon tableau.

CATALOGUE

DES PRINCIPAUX TABLEAUX

DU POUSSIN.

SUJETS TIRÉS DE L'ANCIEN TESTAMENT.

1. *Sacrifice de Noé.* —Gravé par Frey (1). On ne peut rien voir de plus beau que la composition de la partie inférieure de ce tableau ; mais l'Éternel apparaissant à travers les nuages, et comme suspendu sur les nuées d'oiseaux qui sortent de l'arche, peut à peine être admis, même par la tolérance que montre l'Église de Rome pour de tels sujets.

2. *Rebecca et Éliézer.* — Peint en 1648, pour M. Pointel, et maintenant au Louvre : ce tableau a été souvent et bien gravé, surtout par Picart et Chéreau. (*Voyez* la page 91.)

---

(1) Presque tous les tableaux du Poussin ont été gravés ; ils sont très favorables à la gravure, parce que leur perfection tient plutôt à la composition qu'au coloris. Le graveur Morghen a été dernièrement fort occupé à graver les œuvres de ce peintre.

3. *La Demande en mariage de Rachel par Jacob.* — Gravé. Il n'y a que quatre figures et peu de lointain.

4. *Même sujet.* — Jacob montre Léa et semble se plaindre de la manière dont on l'a trompé après sept ans de service. Ce tableau ne renferme aussi que quatre figures; mais le second plan est embelli par des arbres et une petite ville. On peut trouver que la maison de Laban est trop ornée pour celle d'un patriarche.

5. *Exposition de Moïse.* — Ce beau tableau, qui fut peint pour Stella, est à présent au Louvre. La mère de Moïse place avec soin le coffret de joncs au bord du fleuve, près duquel est une statue du Nil couchée et appuyée sur un sphinx. Le père s'éloigne conduisant le petit Aaron; Miriam, à côté de sa mère, lui fait signe que quelqu'un s'approche. Rien ne peut égaler l'expression de ces figures; derrière elles s'élèvent de beaux arbres; au pied de l'un d'eux on voit un autel chargé d'offrandes; on a suspendu un arc, un carquois et des instrumens de musique à ses branches. Entre les arbres on voit une belle ville en partie composée de vues de Rome. Le coloris en est superbe; Fuseli trouve que le Poussin a essayé en vain de nous faire comprendre une histoire pour laquelle il faut la parole; mais il

fait un grand éloge du paysage. « Le Poussin,
« dit-il, n'a pas omis une seule circonstance qui
« aurait pu contribuer à expliquer l'intention ;
« mais le sujet difficile s'est montré rebelle aux
« efforts du peintre pour lui donner de la clarté :
« nous ne pouvons nous expliquer la raison qui
« oblige à exposer cet enfant, et notre sympa-
« thie languit. Nous nous détournons d'un sujet
« qui nous montre un danger sans crainte, pour
« admirer l'expression, l'élégance classique,
« l'harmonie du coloris et la supériorité de l'exé-
« cution. » Nous nous hasardons à dire avec dé-
fiance que ce sujet est si bien connu, que l'on
comprendrait l'action dont il s'agit en retran-
chant même quelques uns des détails que le
Poussin nous a donnés. Ce tableau a été gravé
par Claudia Stella, B. Audran, Chasteau, et
depuis peu par Morghen.

6. *Moïse sauvé*. — Au Louvre. Il a été souvent gravé, et fut peint pour M. Pointel en 1647.
(*Voy*. la page 89.) La fille de Pharaon avec trois
suivantes reçoit l'enfant qui leur est présenté
par un homme debout dans l'eau. La statue du
Nil se mêlant à ce groupe, produit un effet peu
agréable ; le fond est presque en entier rempli
par un pont.

7. *Même sujet*. — Au premier plan de ce beau

tableau, la fille de Pharaon, ses neuf femmes et l'enfant, forment trois groupes : la princesse et cinq de ses suivantes admirent l'enfant qui leur est présenté par deux autres; ce groupe se rattache au premier par la corbeille et l'enfant : elles sont sur le rivage, et l'une de ces femmes aide l'autre à sortir de l'eau. Cette action nous indique clairement celle qui a sauvé l'enfant. Le paysage est riche et animé; l'on voit d'un côté le Nil sur le bord duquel est un rocher avec la statue et le sphinx : les arbres sont mêlés de palmiers, de dattiers et d'architecture; l'on voit dans le parvis d'un temple un homme prosterné devant la statue d'Anubis.

8. *Même sujet.* — Dans ce tableau le paysage est l'essentiel; cependant la princesse et ses femmes, placées sous des arbres élevés, forment un beau groupe; Miriam est agenouillée et semble offrir une nourrice. Il y a peu d'architecture, et elle est très simple.

9. *Même sujet.* — La princesse n'a que sept suivantes auprès d'elle, et un homme en bateau qui semble avoir sauvé l'enfant. Le Nil et le sphinx occupent une partie du premier plan, et sont trop mêlés avec le groupe; le paysage est beau; on aperçoit sur le dernier plan des personnes en bateau chassant un hippopotame,

épisode prise du pavé en mosaïque de Préneste.
Des divinités égyptiennes, des palmiers, des
obélisques et des pyramides rachètent la légère
erreur commise par le peintre, en introduisant
des montagnes et des temples grecs et romains
en Égypte.

10. *Moïse foulant aux pieds la couronne de*
Pharaon.—Ce tableau, qui faisait autrefois partie
de la collection du duc d'Orléans, est maintenant en Angleterre. Pharaon est assis sur un
lit, ayant auprès de lui sa couronne sur laquelle
marche Moïse, alors âgé de deux ans. Les prê-
tres regardant ce fait comme étant de mauvais
augure, l'un d'eux s'approche pour poignarder
l'enfant, qui est sauvé par une femme. La princesse et ses suivantes s'interposent en faveur de
Moïse; il y a dix figures placées comme dans un
bas-relief; le second plan est très simple. C'est
une muraille, au-dessus de laquelle on voit un
palmier et la partie supérieure d'un temple d'ordre ionique.

11. *Même sujet.* — Au Louvre, peint pour
le cardinal Massimi. Il est disposé comme le dernier, mais la scène est dans une salle du palais;
l'architecture, un peu différente, est cachée en
partie par une draperie.

12. *Moïse défendant les filles de Jéthro.* — Il

y a dans ce tableau de grandes beautés et beaucoup d'expression. Les filles de Jéthro surtout
sont bien groupées, et forment un contraste
heureux à la scène de colère qui se passe de
l'autre côté du puits, où Moïse punit les bergers.
Il existe un dessin (probablement une étude pré-
paratoire de ce tableau) qui a été gravé; il porte
un caractère sévère, et la simplicité de l'arrière-
plan, qui consiste entièrement en montagnes, est
peut-être plus en harmonie au pays de Madian
que la ville représentée dans le tableau même.

13. *Même sujet.*

14. *Moïse et le buisson ardent.* — L'Éternel
est supporté dans la flamme par deux anges.
Moïse est dans une belle attitude d'adoration,
qui a du rapport avec celle de l'*Abraham devant
la porte de la tente*, par Raphaël; mais le sujet
est ingrat.

15. *La verge d'Aaron changée en serpent.* —
Au Louvre. C'est un sujet qui convenait au talent du Poussin. Quant à la composition, il a
disposé ses figures comme en un bas-relief; dans
une salle, qui n'est ornée que par une draperie,
Pharaon est assis ayant un tabouret sous ses
pieds; deux vieux serviteurs se tiennent derrière
lui; un jeune homme couronné tient l'ibis sacré;
un autre tient un vase; l'un des magiciens se

baisse pour saisir sa verge changée en serpent, mais celui d'Aaron a déjà commencé à le dévorer ; ces deux serpens sont sur le premier plan ; près d'eux, Moïse, Aaron et trois autres figures forment un groupe d'un grand intérêt par la part qu'il paraît prendre à l'événement. Peut-être ce tableau rappelle-t-il trop les jongleurs indiens ; mais il serait difficile de traiter ce sujet différemment.

16. *Les Israélites au passage de la mer Rouge.* — Peint pour le marquis del Pozzo. (*Voy.* p. 49.)

17. *La récolte de la manne au désert.* — Au Louvre. Un des plus célèbres tableaux du Poussin. Le carton qu'il en avait fait pour la manufacture des Gobelins a été perdu. (*Voy.* p. 56.)

18 et 19. *Moïse faisant jaillir l'eau du rocher.*

20. *Même sujet.* — Autrefois à la collection du duc d'Orléans, maintenant dans celle du marquis de Stafford. (*Voy.* p. 94, la lettre du Poussin qui y a rapport.) On trouve dans la collection de lord Grosvenor une étude achevée de l'un des groupes de ce beau tableau ; il a été souvent gravé.

21. *Même sujet.* — Dans la collection de M. Dufourney. (*Voy.* p. 95, les observations sur ces quatre tableaux.)

22. *L'adoration du veau d'or.* — Le talent du

Poussin se montre avec beaucoup d'avantage dans ce tableaux et dans les suivans : l'adoration, pleine de gaîté, du veau d'or, lui permet de déployer sa connaissance des cérémonies et costumes antiques; il fait un grand usage des bas-reliefs anciens pour orner ses tableaux; mais il en est deux qui lui ont été particulièrement utiles : l'un était autrefois à la galerie Borghèse; l'autre, également célèbre, à la villa Negroni, est possédé maintenant par S. M. le roi d'Angleterre. (*Voy*. p. 49.)

23. *Même sujet.* — Autrefois dans la collection de M. Flinck, de Rotterdam.

24. *Le Triomphe de David.* — L'un de ses meilleurs tableaux; le coloris est très rouge, et la manière un peu sèche; mais s'il se ressent des défauts que l'on reproche au Poussin, il porte aussi l'empreinte des qualités les plus brillantes de ce grand peintre, la science, la convenance, la dignité, la pureté du dessin, et la beauté de l'expression. La tête de Goliath est portée en triomphe sur une lance; une personne tenant une trompette danse devant le cortège; des Juifs et des groupes de vierges, placés sur une terrasse élevée, forment un effet favorable sans nuire à l'action principale. Il est maintenant au collége de Dulwich.

25. *Même sujet.* — David est assis et couronné par une Victoire; quelques Amours jouent avec sa harpe; la tête et l'armure du géant forment une espèce de trophée. Ce tableau est traité comme un sujet païen et classique; il est fort beau.

26. *L'Arche de Dieu chez les Philistins.* — Autrefois à la galerie du palais Colonna, maintenant au Louvre. Peu de tableaux peuvent inspirer, autant que celui-là, un intérêt terrible; et il n'en est point qui puissent lui être comparés sous le rapport de la composition. Mais le peintre lui a donné une expression plus physique que morale, et l'a rendu par cela même plus dégoûtant qu'effrayant.

27. *Le Jugement de Salomon.* — Au Louvre; est considéré comme un des plus beaux ouvrages du Poussin, et peut-être qu'aucun peintre n'a mieux traité ce sujet: il n'y a cependant pas assez de beauté chez les femmes, et leur expression de violence excite plutôt l'horreur que la sympathie.

28. *Esther devant Assuérus.* — Dans le cabinet Cerisier; il a été souvent gravé.

29. *Le Paradis terrestre.* — Peint pour le duc de Richelieu, et maintenant au Louvre; ce pay-

sage représente le *Printemps* dans la suite des quatre Saisons.

30. *Booz et Ruth.* — Peint pour le même, et aussi au Louvre. Le peintre ne pouvait choisir pour représenter l'*Été*, un meilleur sujet que cette histoire touchante et bien connue du vieux Testament.

31. *La grappe de raisin de la terre promise.* — C'est un des quatre paysages allégoriques des Saisons, peints pour le duc de Richelieu. Celui-ci représente l'*Automne*, et fut peint en 1664; il est maintenant au Louvre.

32. *Le Déluge.* — Peint pour le duc de Richelieu; actuellement au Louvre. Le cardinal Fesch possède le pareil. (*Voy*. p. 96.) Opie dit en parlant de ce tableau : « On n'y voit ni noir, ni « blanc, ni bleu, ni rouge, ni jaune; tout y est « à peu près d'un gris sombre et uniforme, vé- « ritable teinte d'une atmosphère humide et « triste, au travers de laquelle tout devient « vague et sans couleur. C'est une conception à « la fois fidèle et poétique; la nature paraît affai- « blie et près de sa destruction totale; la solen- « nité touchante, la grandeur et la simplicité de « l'effet qu'il produit, tiennent uniquement à ce « que le peintre s'est écarté à propos et complè- « tement de l'usage accoutumé. »

33. *La Vision d'Abraham.* — Il renferme de grandes beautés, mais rappelle malheureusement trop au spectateur le tableau de Raphaël sur le même sujet, actuellement aux loges du Vatican. La seule critique que l'on puisse faire sur le tableau de Raphaël, est que la maison de bois paraît être trop solide pour la tente d'un patriarche errant. Le Poussin a été encore plus loin, car il a élevé des maisons de pierre, et représenté des vignes sur des treillages ; mais si c'est un défaut, il est trop minime pour qu'on puisse s'y arrêter. Ce tableau est au collége de Dulwich.

34. *Le Tabernacle porté autour des murs de Jéricho.* — Ce tableau est fort connu par les belles gravures qu'on en a faites. C'est une de ces compositions dans lesquelles le Poussin déploie son grand talent pour les tableaux de cette espèce.

SUJETS TIRÉS DU NOUVEAU TESTAMENT.

1. *L'Annonciation.* — Quant à la manière allégorique dont le Poussin a traité ce sujet, on peut révoquer en doute sa convenance. L'Éternel est soutenu par des chérubins derrière l'ange, et le Saint-Esprit descend sur la Vierge sous la forme d'une colombe. Il nous paraît que le Poussin a usé d'une trop grande liberté, et que par là il n'a pas embelli sa composition.

2. *Même sujet.* — Ce tableau ne produit pas un grand effet; mais l'idée de faire éprouver à la Vierge une sorte d'extase et d'évanouissement n'est pas commune, et s'accorde avec la circonstance miraculeuse dans laquelle elle se trouve placée après la venue de l'ange. Ce tableau fut apporté en Angleterre par M. Udney, et l'on croit qu'il faisait partie de la collection vendue par lui à l'impératrice Catherine de Russie.

3. *Le Mariage de la Vierge.* — Ne peut être comparé à aucun des tableaux qui représentent *le Mariage,* dans les *Sept Sacremens* du Poussin, quoique ces derniers aient été qualifiés de tableaux manqués.

4. *Une tête de Jésus enfant.* — D'une main il tient un globe, tandis que l'autre est élevée comme s'il voulait donner la bénédiction papale ; action qui se répète souvent dans les *Saintes-Familles.*

5. *Adoration des Bergers.*

6, 7, 8, 9, 10 et 11. *La Nativité.* — Ces six tableaux et plusieurs autres sur le même sujet, peints par le Poussin, ont tous quelque chose de remarquable; mais on ne peut faire aisément une description distincte pour chacun d'eux.

12. *Adoration des Mages.* — Dans la galerie du collége de Dulwich, peint pour M. de Mauroy, ministre des finances. Ce sujet est traité avec noblesse et d'une manière conforme à l'histoire; l'un des Mages est représenté suivant la tradition, avec une figure de nègre. Gaspard présente de l'encens, en signe d'adoration; Baltasar de la myrrhe, comme une image de l'amertume de la passion, et Marchione de l'or, comme un tribut.

13 et 14. *Même sujet.* — Dans ces trois tableaux le Poussin a profité de la richesse du costume oriental, et des traditions de l'Église sur les dons des Mages, pour varier et enrichir ses compositions.

15. *Sainte-Famille.* — Ce tableau est d'une forme ronde.

16. *La Vierge et l'Enfant.*

17. *Sainte-Famille.*

18 au n° 37. — Il est presque impossible de donner des détails sur plus de dix-huit *Saintes-Familles* peintes par le Poussin; il leur a joint souvent des groupes d'anges qui les servent. Un des plus agréables, qui appartient à lord Grosvenor, et qui a été gravé par Bartolozzi, est accompagné de ces figures accessoires. La Vierge

avec l'enfant sur ses genoux, est assise sous une draperie suspendue aux arbres, et saint Joseph est couché près d'eux. Il en existe un au palais Torre à Naples. Entre ces tableaux, les uns sont composés avec une grande simplicité, et doivent leur charme à l'expression de l'amour maternel et à la pureté du sujet ; d'autres sont embellis par ces paysages inimitables du Poussin : tel est celui que l'on voit au Louvre. Les ressources de son génie sont inépuisables ; mais nous ne donnerions qu'un détail fatigant de leur variétés.

38. *Fuite en Égypte.* — La Vierge porte son fils, saint Joseph conduit un âne, et un ange les guide.

39. *Même sujet.* — La Vierge est assise sur l'âne, et prend l'enfant des bras de saint Joseph, tandis que des anges les conduisent et les entourent.

40. *Sainte-Famille entourée d'anges.*

41. *Repos en Égypte.* — Un éléphant est placé fort à propos sur le premier plan, et indique que le lieu de la scène est en Égypte. (1)

---

(1) Il est à remarquer que la populace de Rome chante une hymne ou plutôt une ballade dialoguée entre la

42. *Massacre des Innocens.* — Il semble que ce sujet soit trop affreux pour être traité. Raphaël et le Guide l'ont rendu touchant; d'autres peintres en ont fait une atroce boucherie, le Poussin l'a rendu terrible. Le premier plan est occupé par une mère à genoux, qui pousse des cris frénétiques, et qui cherche à empêcher que son enfant ne soit foulé aux pieds par un féroce soldat. Plus en arrière, une femme charmante portant le corps inanimé de son enfant, pleurant et appuyant sa tête sur sa main, complète ce tableau du désespoir maternel. L'horreur qu'inspire ce tableau est peut-être son plus grand mérite. On ne peut rien voir de plus beau quant à la forme et à la composition : cependant il est à croire qu'un peu plus de beauté et de jeunesse dans la première mère, exciterait une plus grande sympathie. L'architecture du fond est très simple, et rien ne nuit à l'intérêt qu'inspirent les acteurs. Quelque grand que soit le mérite de ce tableau, on peut trouver que le peintre a poussé les choses trop loin, en plaçant le pied du soldat sur l'enfant. Le désespoir de la mère aurait été le même, et peut-être la sympathie plus forte si l'enfant avait souffert

Vierge et une Égyptienne (Zingarella), qui conserve son caractère de diseuse de bonne aventure.

d'une autre manière ; mais il y a quelque chose
de révoltant dans l'aspect des tourmens de cet
enfant écrasé par l'assassin. Ce tableau, qui se
voyait autrefois au palais Giustiniani, fait maintenant partie de la collection de Lucien Bona-
parte.

43. *Le Baptême du Christ.* — Ce tableau est
un exemple de l'attention que le Poussin mettait à l'expression ; les personnes qui entourent
saint Jean-Baptiste, lèvent tous les yeux au ciel
comme attirés par la voix qui crie : *Voici mon
fils bien-aimé.* Caravaggio a porté au plus haut
degré l'expression de l'ouïe dans le tableau de
la *Décollation de saint Jean-Baptiste* qui se voit
à la chapelle de ce saint dans la cathédrale de
Malte ; dans ce tableau, le meurtre se commet
d'un côté ; la tête est tranchée ; une vieille femme
sort de la prison, et porte ses mains à ses oreilles
pour ne pas entendre le dernier cri du mourant ; une autre femme à côté du bourreau reçoit la tête ; de l'autre côté on voit à une fenêtre
grillée deux prisonniers qui y sont évidemment
attirés par le bruit. Ce beau tableau était fort
endommagé en 1818 par l'humidité.

44. *Même sujet.* — Le Poussin a peint quatre
fois ce sujet ; le dernier nommé, et celui qui est
à la galerie de Stafford, sont les plus fameux ;

dans tous deux les yeux des spectateurs sont levés vers le ciel comme attirés par la voix.

45. *Le Baptême de saint Jean-Baptiste au désert.* — Peint pour Le Nôtre ; actuellement au Louvre. Ce tableau est célèbre à juste titre ; là, sont rassemblés des personnes de tout âge et de tout sexe ; tous contribuent à l'ensemble de l'action, et ont quelque chose de gracieux et d'intéressant, lorsqu'on les examine en détail. Un bateau rempli de monde et traversant le fleuve, est bien placé pour donner une idée de la foule qui se présentait à saint Jean. Le paysage est à la fois sauvage et agréable.

46. *Le Ministère du Christ.* — Le goût que le Poussin avait pour le mouvement et l'expression, l'entraîne quelquefois peut-être au-delà de la portée de nos sentimens ou de nos préjugés. Nous sommes trop occupés de l'activité corporelle que l'on remarque dans ce tableau ; c'est le travail du Saint-Esprit que l'on devrait voir dans Jésus. Mais la peinture pourra-t-elle jamais nous en donner l'idée ?

47. *La Samaritaine au puits.* — C'est le dernier tableau peint par le Poussin pour M. de Chantelou. (*Voy.* p. 98.)

48. *Les Aveugles de Jéricho.* — Au Louvre.

Il fut peint pour M. Reynon, négociant à Lyon. Le fond de ce tableau est un des plus beaux que le Poussin ait faits, et l'on sait qu'il excellait dans cette partie ; il a de plus le mérite de la vérité. Le sujet est noble et promptement compris.

49. *La Femme adultère.* — Au Louvre. Ce tableau fut peint pour Le Nôtre ; il a été l'objet d'éloges fréquens et mérités ; son coloris est très bon.

50. *L'Entrée du Christ à Jérusalem.* — Un autre tableau sur ce sujet a été attribué au Poussin, mais il est de *Stella,* ainsi que treize autres sur la Passion, qu'on a cru pareillement être du Poussin.

51. *La sainte Cène.* — Tableau d'autel peint pour la chapelle de Saint-Germain-en-Laye ; les figures y sont de grandeur naturelle. (*Voy.* p. 66.)

52. *La Crucifixion.*

53. *Même sujet.* — Dans la collection de M. Dufourney.

54. *La Descente de croix.*

55. *Le Christ au tombeau.*

56. *Même sujet.*

57. *Même sujet.* — Le Christ porte la couronne d'épines, et deux petits anges pleurent à ses pieds.

58. *Un Christ mort.*

59. *Le Christ apparaît à Marie-Madeleine.*

60. *L'Incrédulité de saint Thomas.*

61. *Le Christ remet les clefs à saint Pierre.* — Peint pour le commandeur del Pozzo. Selon Richardson, le coloris de ce tableau est fort mauvais.

62, 63, 64, 65, 66, 67, 68. *Les Sept Sacremens.* — Peints pour M. de Chantelou, et placés depuis à la galerie du duc d'Orléans ; de là ils ont été transportés à la collection Stafford. (*Voy.* p. 55.)

69, 70, 71, 72, 73, 74, 75. *Les mêmes.* — Sur une plus petite échelle. Peints pour le commandeur del Pozzo. Ils furent tirés de la galerie Bocca Paduli pour être apportés en Angleterre, et appartiennent maintenant au duc de Rutland. (*Voy.* p. 55.)

76. *Mort de la Vierge.* — Peint avant le premier voyage du Poussin à Rome.

77. *L'Assomption de la Vierge.* — Peint sur une petite échelle. Il est au Louvre.

78. *Même sujet.* — Dans la galerie de Dulwich. Le coloris est froid, et le ciel trop bleu.

79. *Extase de saint Paul.* — Peint pour

11

M. de Chantelou, pour servir de pendant à la *Vision d'Ézéchiel*, par Raphaël. (*Voy*. p. 88.)

80. *Même sujet.* — Au Louvre.

81. *Saint Paul et saint Silas battus de verges*.

82. *Élymas le Sorcier.* — Rien n'est mieux exprimé que la cécité d'Élymas; mais on peut trouver que l'apôtre se donne trop de mouvement et gesticule trop : c'est un état peu conforme à la dignité et à la gravité de sa mission.

83. *Saint Pierre guérit le boiteux.* — La scène se passe sur les degrés du temple ; les groupes sont disposés de manière à fixer l'attention sur l'objet principal. L'architecture est grande et simple.

84. *Mort de Saphira.* — Tableau rempli de mérite, quant à la composition et à l'expression. Il était autrefois à Versailles, où il était fort estimé : il a été gravé par les meilleurs artistes français.

85. *Le Martyre de saint Érasme.* — Ce tableau faisait partie de la galerie de *Monte Cavallo*; il fut copié en mosaïque pour Saint-Pierre, puis transporté à Paris; il se voit maintenant au Vatican. Le sujet est si révoltant qu'on peut à peine s'y arrêter; les figures sont plus grandes

que nature, mais elles n'ont pas été peintes d'une
manière assez large. On estime assez la figure du
saint et celle d'un des bourreaux. La figure du
grand-prêtre n'est pas digne du Poussin. (*Voy*.
p. 47.)

86. *Sainte Marguerite foulant aux pieds le
dragon, et recevant la palme du martyre.*

87. *Vision de sainte Françoise.*

88. *L'ange dictant à saint Matthieu.* — Le
fond est une vue très exacte du Tibre, prise de
l'Aqua-Acetosa; le paysage est beau. Ce tableau
se voit maintenant dans la collection peu nombreuse mais bien choisie du palais Sciarra Colonna, à Rome.

89. *Le miracle opéré par saint François Xavier qui ressuscite la fille d'un seigneur du Japon.*
— Ce tableau fut peint pendant le dernier séjour
que le Poussin fit à Paris; il a été fort critiqué
par Vouët. (*Voy*. p. 67.) Les figures sont plus
grandes que nature, parce qu'il avait été exécuté pour le grand autel de l'église des jésuites à
Paris.

90. *Martyre de sainte Cécile.* — Le sujet de ce
tableau est un des plus intéressans de la Vie des
Saints, et le Poussin l'a traité dignement. L'ange
qui apporte à la sainte la palme et la couronne

du martyre, fait un bel effet; il a probablement pris l'attitude de la sainte de la statue qui existe sur son tombeau, dans l'église bâtie au-delà du Tibre sur la place même où elle expira.

91. *L'Éternel porté par des chérubins.* — Ce sujet ne devrait jamais être essayé.

92. *Saint Jacques l'Ancien priant avec ses disciples au bord de l'Èbre.* — La Vierge leur apparaît sur une colonne de jaspe, et leur ordonne de bâtir une église à la même place. Les figures sont de grandeur naturelle. Ce tableau est actuellement au Louvre.

93. *Martyre de saint Laurent.* — Au palais Zambeccari à Bologne. Le Poussin a fait preuve de bon goût dans ce tableau, en s'écartant de l'usage ordinaire qui nous montre le martyr étendu sur le gril. Sur une place publique, au pied d'une statue de Jupiter tenant la foudre, le groupe des bourreaux se prépare à dépouiller de ses habits le saint, dont l'expression est superbe. Pour l'intelligence de l'histoire, le peintre laisse entrevoir une partie de l'instrument du supplice. Ce tableau fait un contraste heureux avec celui du *martyre de saint Érasme;* mais, dans ce dernier, le peintre devait faire connaître le nouveau genre de torture imaginé pour le

saint; tandis que dans le *saint Laurent* il ne suivit que son propre goût.

94. *Ecce Homo.* — Plusieurs peintres ont essayé ce sujet, mais il en est peu qui aient réussi.

SUJETS TIRÉS DE L'HISTOIRE PROFANE ET DE LA FABLE.

1. *Achille découvert par Ulysse.* — Tandis qu'Ulysse semble être uniquement occupé à vendre le contenu de sa boîte, et offre un diadême à Déidamie, Achille s'est saisi d'une épée, et la tire du fourreau.

2. *Achille à Scyros.* — Dans ce tableau-ci, tandis que les jeunes filles essayent des colliers et d'autres ornemens de femme, Achille a mis un casque sur sa tête, et, saisissant une épée d'une main, il tient de l'autre un miroir, dans lequel il semble se regarder avec complaisance. Ulysse et celui qui l'accompagne se réjouissent de ce choix, tandis que la vieille nourrice regarde ce qui se passe. Le palais de Scyros, des collines, des bois et des pièces d'eau, forment un second plan très agréable. L'expression ne paraît pas aussi naturelle que dans le premier tableau, dans lequel l'ardeur que montre Achille à tirer l'épée est sûrement plus historique.

3. *Thésée découvre sa naissance en soulevant la pierre que lui montre sa mère, et sous laquelle il trouve l'épée et les sandales d'Égée.* — Ce tableau est dans la galerie de Florence. (*Voy.* p. 26.)

4. *Mort d'Eudamidas.* — Tableau remarquable par l'expression ; il faut avouer cependant que l'on ne comprend pas bien ce sujet, fort difficile à exprimer sans paroles ; mais c'est une superbe scène de mort. La fille assise à terre et s'appuyant sur les genoux de sa mère, est un épisode touchant que le Poussin a souvent répété, et dont les peintres et les sculpteurs se sont emparés dès-lors. (*Voyez les observations de Fuseli dans sa quatrième leçon.*)

5. *Pyrrhus sauvé.* — Au Louvre. C'est un des plus beaux tableaux du Poussin ; le trait historique est bien rendu ; les costumes sont bien dans le goût antique ; l'action et la scène sont animées et appropriées au sujet. Eacide, roi des Molosses, ayant été chassé de son royaume par les rebelles, ses deux amis Angelus et Androclides s'enfuirent avec son fils Pyrrhus, encore en bas âge, et les nourrices de cet enfant. L'ennemi les poursuivit si vivement, que dans la même nuit les deux partis arrivèrent ensemble au bord d'une rivière débordée ; comme il était

impossible de la traverser à gué, l'un des deux
amis écrivit quelques lignes sur une écorce
d'arbre, pour demander secours aux Mégariens;
et, l'attachant à sa lance, il la jeta sur la rive
opposée ; ces derniers construisirent un radeau
et traversèrent le fleuve. Le Poussin a choisi le
moment où les Mégariens se préparent à recevoir Pyrrhus et ses amis ; l'ennemi est fort près,
les femmes témoignent leur effroi, les Mégariens
leur font signe de traverser le fleuve, l'un d'eux
se sert de la manière usitée chez les Romains modernes pour faire signe, et en cela le Poussin a
bien montré son bon goût ; car il est probable
que les Romains ont conservé plus de coutumes
antiques que les autres peuples.

6. *Sacrifice près d'un mausolée.* — Dans un
bois au bord de la mer on aperçoit un superbe
mausolée qui occupe la plus grande partie du
tableau ; un prêtre est debout à côté d'un autel,
sur lequel on brûle de l'encens ; on s'aperçoit
que l'on célèbre des jeux funéraires, par l'introduction d'un enfant qui apporte une lyre, d'un
homme qui attache une couronne, et par la présence de guerriers et de chevaux.

7. *Romulus et Rémus.* — La scène est au bord
du Tibre, et à ce que l'on croit parmi les ruines
de l'antique Saturnia, qui occupait une des sept

collines avant la fondation de Rome. Les bergers et les bergères abandonnent leurs travaux rustiques pour écouter l'histoire des enfans, dont l'un est tenu par Faustulus, tandis que l'autre est déjà dans les bras de Lupa sa femme ; un jeune homme montre l'endroit où ils furent trouvés.

8. *Enlèvement des Sabines*. Au Louvre. — Ce sujet très connu donne lieu à l'introduction de personnages de tout âge et de toute profession ; le Poussin a profité de cette circonstance, il a même introduit des cavaliers dans ses groupes. Vers le milieu du tableau une jeune femme est enlevée par un Romain, de dessus le cheval de son père ou de son amant, qui essaie de la retenir ; on croit que c'est Hersilie, mariée depuis lors à Romulus. Le moment de l'action est celui de l'enlèvement ; car Romulus tient encore le pan de sa robe levé, signal convenu avec les Romains pour faire interrompre les jeux et saisir les femmes. Un groupe intéressant est celui que forme une jeune fille qui se cache dans le sein de sa mère, tandis qu'un jeune Romain semble plutôt la supplier que la forcer à le suivre. Le fond du tableau est occupé par des bâtimens d'une architecture noble, mais simple.

9. *Même sujet*. — Il y a trop d'armes dans ce tableau ; les Sabins étaient sans armes, et il ne

paraît pas qu'il y ait eu de sang répandu. La figure du roi est plus noble et plus calme que dans le premier tableau, et il a moins l'air d'être un des acteurs de la scène.

10. *Coriolan.* — « Lorsque le Poussin représente Coriolan dans le camp des Volsques, il place devant lui, en attitudes suppliantes, sa mère, sa femme, ses enfans, et une longue suite de dames romaines agenouillées ; derrière elles est une figure de femme menaçante et armée, suivie d'une autre figure échevelée et penchée sur une roue. Les yeux de Coriolan épouvanté se fixent sur ces deux figures qui ne sont point vues des autres ; on s'aperçoit qu'il est plongé dans une profonde rêverie. On reconnaît dans la figure armée le génie tutélaire de Rome, et dans sa compagne la fortune. Toutes deux elles veulent forcer Coriolan à se soumettre. Pourrions-nous appeler allégorie cette conception sublime qui découvre ce que le peintre a su lire dans le cœur du Romain ? Qui n'admire la grandeur de cette vision, qui sans diminuer la probabilité du fait, ajoute à son importance, et relève le héros en le soumettant au destin de son pays, et non à l'impulsion de ses attachemens personnels ? » (*Voy*. Fuseli, 4ᵉ Leçon.)

11. *Camille renvoie les enfans des Falisques,*

avec le maître d'école qui les avait trahis. —Ce tableau est du petit nombre de ceux du Poussin dans lesquels les figures soient de grandeur naturelle. Il est au Louvre.

12. *Mort de Germanicus.* — Maintenant au palais Barberini, à Rome. (*Voy.* p. 49.)

13. *Continence de Scipion.* — Ce tableau, originairement dans la collection de M. de Morville, a passé de là à Houghton, et se voit maintenant à Strawberry-Hill. H. Walpole en fait une description fort exacte dans son discours sur la peinture.

14. *Charité Romaine.*

15. *Mort de Philémon.* — Dans la collection de M. Dufourny. (*Voy.* p. 78.)

16. *Persée et la tête de Méduse.* — Lorsque Reynolds nous donne son opinion, elle est trop précieuse pour ne pas la citer. En parlant de ce tableau qui appartient à lord Gwydir, il dit : « Le sujet demande beaucoup de mouvement « et de tumulte, et pour que l'effet répondît au « sujet, le Poussin a violé toutes les règles de « la composition; on n'y trouve ni figure prin- « cipale, ni grande lumière, ni aucun groupe; « tout est dispersé, et dans une telle confusion « que l'œil ne sait où se fixer; d'après cette ap-

« parence qui promet peu, je me souviens que
« je m'en éloignai avec dégoût, et je ne l'aurais
« pas regardé une seconde fois si on ne m'y eût
« invité formellement. Je vis alors ce que nous
« devons toujours trouver dans le Poussin, un
« dessin correct, une expression forte et juste ;
« en un mot, les beautés exquises qui distinguent
« les œuvres de ce savant peintre. »

17. *Le Parnasse.* — Apollon et les Muses
reçoivent les poètes terrestres, à l'un desquels
Apollon semble présenter la coupe de l'immor-
talité. Au milieu la nymphe Castalie se penche
sur son urne, et deux génies en distribuent les
eaux.

18. *L'Inspiration d'un Poète.* — Tableau
agréable ; actuellement à la collection de Dulwich. Apollon porte la coupe d'inspiration aux
lèvres du poète, qui est à genoux et paraît en
extase.

19. *Jupiter nourri par les Nymphes.*

20. *Jupiter et Calisto.* — Jupiter sous la forme
de Diane, est à côté de Calisto. Il est entouré
des attributs de la déesse, de ses chiens, de sa
lance, de son arc et de son carquois. Les Amours
se jouent autour d'eux, et pour faire comprendre le sujet, on voit dans l'éloignement Junon

traînant la malheureuse nymphe par les cheveux. Le paysage est charmant.

21. *Jupiter et Antiope.* — A la collection de Dulwich.

22. *Léda.* — Elle est assise sur une espèce de trône, près d'un bain, et sous des arbres. Les Amours ont paré le cygne avec une guirlande de fleurs, et le conduisent à la princesse, tandis que leurs compagnons lui décochent des flèches en volant.

23. *Apollon et Daphné.*

24. *Même sujet.* — Apollon assis sur un tertre sur les bords du Pénée, étend ses bras pour entourer Daphné, dont la métamorphose a déjà commencé. Pour que tout soit en harmonie avec la fable, on voit près d'Apollon sa lyre et le carquois renfermant les flèches qu'il disait être supérieures à celles de l'Amour. Le petit dieu en colère lui décoche une des siennes, et le Pénée, père de Daphné, penché sur son urne, se cache les yeux avec la main comme pour éviter d'être témoin du sort de sa fille.

25. *Vénus, l'Amour, Bacchus et Mercure, dansant au son de la lyre d'Apollon.* — Rien de plus poétique que la manière dont ce sujet est conçu.

26. *Vénus et Adonis.*—Les figures princi-pales dorment, et un groupe d'Amours veut ar-rêter un cerf. Des chiens attachés à un arbre cherchent à s'échapper.

27. *Même sujet.*—Tandis que Vénus et Ado-nis sont assis sous des arbres, un Amour joue avec les chiens.

28. *Même sujet.* — Le char de la déesse sem-ble l'attendre.

29. *Vénus et Mercure.* — A la galerie de Dulwich.

30. *Mars et Vénus ; les Amours désarment Mars.*—Paysage où l'on voit Rome dans le loin-tain.

31. *Même sujet.* — Tandis que les divinités sont ensemble, les Amours se sont emparés des armes de Mars et des oiseaux de Vénus. L'un d'eux est monté sur un cerf. Les petits dieux sont d'une extrême gaîté, et semblent ne rêver que malice.

32. *Vénus et l'Amour.* — Celui-ci habille sa mère ; ce sujet est fort agréablement traité.

33. *Vénus apportant l'armure d'Énée.*—Vé-nus, portée par les Amours, montre l'armure ;

on aperçoit le Tibre et deux des nymphes tributaires de ses eaux.

34. *Même sujet.* — Vénus dans un char au milieu des nuages, précédée de l'étoile du matin représentée par l'Amour tenant un flambeau, montre l'armure suspendue à un arbre. La figure de la déesse, entourée de ses Amours et de ses colombes, est charmante ; on peut en dire autant de celle d'un dieu marin ; mais Énée manque de grâce et a quelque chose de trop roide.

35. *Éducation de Bacchus.* — Au Louvre. Un faune soutient le jeune dieu, tandis qu'un satyre lui donne du vin dans une coupe. On voit sur le premier plan, une femme tenant un enfant sur son sein.

36. *Même sujet.* — Ce tableau est un des meilleurs du Poussin ; il est à la galerie de Dulwich.

37. *Même sujet.* — Mercure conduit Bacchus aux nymphes, dont les belles formes sont cachées en partie par des draperies, et en partie par l'eau dans laquelle elles sont plongées. La table est servie sous un berceau de pampre. Quelques nymphes dorment encore ; la Nuit s'éloigne dans son char, tandis qu'Apollon et ses

chevaux paraissent sur une colline; un satyre
joue de la flûte.

38. *Bacchanale* — Gracieux et calme ; les
nymphes et les amours se reposent, un faune
boit dans une corne, et un autre tient une corbeille de fruits.

39. *Même sujet.* — Tableau très beau et très
gracieux; il est à la collection de M. Angerstein.

40. *Même sujet.* — Une danse devant un
temple; l'enfant qui joue de la flûte est une copie
exacte d'un antique que l'on voit à la villa Albani; la figure dansant derrière lui est aussi un
antique.

41. *Même sujet.* — Au Louvre. Un faune
tient une grappe de raisins d'une main, et de
l'autre verse du vin dans une coupe que lui présente un enfant; Bacchus est couché sur un lit.
de pampre; un de ses serviteurs lui amène une
chèvre, et un autre fait une libation. Une femme,
assise à ses pieds, joue de la guitare; deux figures
couchées et des enfans jouent ensemble.

42. *Triomphe de Bacchus et d'Ariane.* — On
a critiqué dans ce tableau le manque d'attention
dans la distribution de la lumière, de l'ombre et
des groupes. On rapporte que le Poussin justi-

fiait un pareil défaut dans un tableau de Jules Romain, *la Bataille de Constantin*, en disant qu'une semblable négligence faisait mieux sentir le désordre du sujet. Mais c'est sacrifier un point important à un autre qui l'est moins. En tout état de cause, c'est une imperfection dans ce tableau, si remarquable d'ailleurs par le dessin et la composition; il appartient actuellement à lord Ashburnham.

43. *Même sujet.* — Au palais Barberini. Quoiqu'il ne soit pas fini, il est aisé de voir qu'il est rempli d'esprit, et dans le meilleur genre antique.

44. *Nymphe jouant avec un Faune.* — Dans la collection de M. Dufourny. Dans les détails de cette composition, où tout est gracieux, il faut remarquer surtout le petit Amour qui se bat avec le satyre, et celui qui conduit la chèvre sur laquelle une nymphe paraît vouloir monter.

45. *Même sujet.* — L'Amour verse du vin dans la bouche du faune.

46. *Vénus dormant au bord de l'eau.* — Sa figure s'y réfléchit; un satyre lui ôte sa draperie; deux Amours jouent ensemble. Ce tableau était dans la collection du prince d'Orange, à La Haye.

47. *Nymphe endormie, découverte par des satyres*, dans un site riant et boisé. — La présence de l'Amour et des colombes ferait croire que c'est une Vénus destinée à faire pendant au précédent tableau.

48. *Danse de Faunes et de Bacchantes en l'honneur de Pan.*

49. *Mars et Rhéa Sylvia.* — A Versailles. Rhéa Sylvia, entourée d'Amours, dort sur un gazon près d'un bois. Le Tibre, sous la figure d'un vieillard, est vers le milieu du tableau ; Mars paraît dans son chariot au milieu des nuages, et du côté opposé à celui où est Rhéa.

50. *Hercule entre le Vice et la Vertu.* — Il y en a une belle gravure par Strange.

51. *Les Trophées d'Hercule portés par des Amours.* — Ce tableau et les onze suivans faisaient partie des anciennes décorations du Louvre.

52. *Naissance d'Hercule.*

53. *Hercule et les deux Borées.*

54. *Hébé et Hercule.*

55. *Hercule consulte l'oracle.*

56. *Éducation d'Hercule par Chiron.*

57. *Hercule institue les jeux Néméens.*

58. *Hercule combat les géants.*

59. *Hercule étrangle Antée.*

60. *Hercule soulage Atlas.*

61. *Hercule et le Lion de Némée.*

62. *Hercule terrasse la Malice et l'Envie.* (*Voy.* p. 78.)

63. *Hercule enlève une Nymphe tandis que deux Amours emportent la peau de lion, et un troisième la massue.*

64. *Phaéton demandant le chariot d'Apollon.* — Phaéton demande à Apollon de lui donner une preuve de son origine céleste, dont sa mère Climène s'était vantée. Le dieu jure par le Styx de lui accorder sa demande, et le jeune téméraire demande la permission de conduire pendant un jour le char du Soleil. Apollon semble demander à son fils d'abandonner ses prétentions; le *Temps* et les *Rivières* paraissent saisis de crainte.

65. *Le Triomphe de Flore.* — Un des tableaux les moins agréables du Poussin; les couleurs peuvent bien s'être altérées, mais la lumière n'a jamais été bien distribuée ; il y a trop de confusion dans son état actuel; un arbuste ou plutôt un arbre en fleurs, paraît d'un mauvais effet ; la figure armée près du char est mal placée ; il y a

cependant des Amours et des figures dansantes, que l'on voudrait voir mieux accompagnés. Ce tableau est au Capitole.

66. *L'Empire de Flore.* — Peint pour le cardinal Omodei. Au Louvre. Le Poussin a introduit dans ce tableau tous les personnages que la fable nous dit avoir été changés en fleurs. Les plus remarquables sont Narcisse, qui a conservé son nom ; Ajax, qui se tua ; et Hyacinthe, tué par Apollon, en jouant au palet ; tous deux furent changés en hyacinthe. Adonis et d'autres s'y trouvent encore. Flore répand des fleurs sur ses sujets, et danse devant la statue du dieu des jardins, placée près d'une fontaine et de deux arbres ; de l'autre côté sont des allées vertes, et le Soleil, conduisant ses chevaux, traverse rapidement les cieux.

67. *Triomphe de Neptune.* — La composition de ce tableau renferme tout ce que peuvent inspirer un sentiment poétique et une profonde connaissance du sujet. Vénus sortant de la mer est l'objet du Triomphe ; autour d'elle sont les divinités marines ; des groupes d'Amours voltigeans répandent des fleurs, et décochent des flèches : l'un d'eux, suspendant un flambeau sur elle, la réclame pour l'étoile du soir. On voit de loin son char conduit par un Amour.

68. *Polyphème jouant de la flûte.* — Acis, Galatée, les Néréides, les Tritons et les Amours jouent autour.

69. *Nymphes qui se baignent.*

70. *Narcisse.* — Écho, belle mais abattue par le chagrin, est couchée sur des rochers :

> « For him the Naiads and the Dryads mourn,
> « Whom the sad Echo answers in her turn. (1)

71. *Même sujet.* — Le paysage est plus riche, et les Amours en plus grand nombre.

72. *Diane et Endymion.*

73. *Les Amours et les Néréides.* — C'est une des compositions les plus originales du Poussin. Les Amours, montés sur des monstres marins, jouent sur les vagues ; les Néréides les suivent.

74. *Les Hespérides.* — Les trois filles d'Atlas cueillent des fruits et les offrent aux divinités marines.

75. *Bergers de l'Arcadie.* — Dans la collection du duc de Devonshire. On a souvent loué, et avec raison, l'idée qui fait le sujet de ce tableau ;

---

(1) Les Naïades et les Dryades répandent des pleurs pour lui, et la triste Echo répète leurs accens.

deux bergers et une bergère regardent l'inscription d'un tombeau placé au milieu d'un paysage agréable ; l'inscription est une leçon de morale, elle porte : « Et moi aussi je vécus en Arcadie. »

76. *Même sujet, différemment traité.* — Au Louvre. Ici, la tombe occupe le milieu du tableau au lieu d'être de côté, comme dans le précédent. Le dernier est préféré par le critique françois ; l'idée est la même, mais les figures sont dans des attitudes différentes.

77. *L'Image de la vie humaine,* — ou le Plaisir, le Travail, les Richesses et la Pauvreté dansant au son d'une lyre jouée par le Temps ; un enfant souffle des bulles de savon avec une paille. Un des tableaux sur ce sujet, est au palais Manfrini, à Venise ; et un autre, à la collection du cardinal Fesch. La personnification du Soleil, parcourant les cieux dans son char et entouré des Heures, est très heureuse.

78. *Le Temps séparant la Vérité de l'Envie et de la Discorde.* — Ce tableau, peint pour le cardinal de Richelieu, est actuellement au Louvre. (*Voy.* p. 77.)

79. *Le Temps protége la Vérité.* — Ce tableau, d'un meilleur coloris que les précédens, est au palais Manfrini, à Venise.

80. *Renaud et Armide.* — Le char d'Armide l'attend près de la fontaine; au moment où elle se penche sur Renaud, ses projets de vengeance s'évanouissent, et font place à l'amour.

81. *Même sujet.* — Peint pour Stella; actuellement à la collection de Dulwich. (*Voy.* p. 93.) Armide est armée d'un poignard et veut tuer Renaud pendant son sommeil; l'Amour retient sa main.

82. *Armide enlève Renaud endormi.* — Ce tableau, d'une composition belle et classique, était au musée Napoléon.

83. *Tancrède et Herminie.* — Richardson nous a laissé une longue et très juste dissertation sur ce tableau; elle se termine ainsi : « Nous « devons faire honneur au Poussin, de la no- « blesse et de l'étendue de conception qui se « développent dans ce tableau. Quelle richesse! « quelle force d'imagination! quel fonds de « science et de jugement! quelle touche fine et « assurée n'a-t-il pas fallu employer pour pro- « duire un tel ouvrage! » Ailleurs il remarque que « le coloris en est agréable et d'un genre qui « ne peut être imaginé que par un grand homme.» Ce tableau fut acheté par M. Thornhill, et apporté en Angleterre vers le commencement du dernier siècle.

84. *Enfans jouans.* — Ce charmant tableau appartient à lord Groswenor.

85. *Même sujet.* — D'un mérite inférieur au précédent. Il est à Dulwich.

86. *Céphale et l'Aurore.* — Composition remplie d'images classiques. Zéphire souffle des airs frais, le Matin répand la rosée, et Flore des fleurs, tandis que l'Aurore, oubliant son office, reste avec Céphale, son chariot et ses chevaux l'attendent, et les Amours voltigent à l'entour.

PAYSAGES.

Quoiqu'il soit difficile, et peut-être impossible d'énumérer tous les paysages du Poussin, il en est qui méritent bien d'être remarqués, et que l'on peut placer sur la même ligne que ses tableaux historiques, si ce n'est même au-dessus. Pour ne pas séparer les sujets tirés de l'Écriture-Sainte, nous avons placé dans la première partie de ce Catalogue : *les quatre Paysages des Saisons*, *le Moïse sauvé des eaux*, *et le Tableau de Saint Matthieu et de l'Ange*. Nous placerons au premier rang des paysages :

1. *La Mort d'Eurydice.* — Il y a peu de paysages où la composition soit aussi parfaite que dans celui-ci. La scène se passe dans une

prairie sauvage sur les bords d'une rivière; de l'autre côté est une ville composée de vues de Rome; on y trouve le pont et le château Saint-Ange; la tour de Néron; une de celles nommées par le peuple *Tours des Tyrans,* qui furent bâties par les barons romains du moyen âge, et d'autres bâtimens d'un ordre moins relevé. Les montagnes qui terminent le paysage lui donnent une grande profondeur; plusieurs figures placées dans le fond sont occupées de manière à montrer que la cité est florissante. Les unes traînent un bateau; d'autres nagent ou se baignent, tout y est gai et animé. Sur le devant, Orphée assis joue de la lyre, entouré d'auditeurs. Eurydice, qui vient d'être mordue par un serpent en cueillant des fleurs, tressaille et laisse tomber son panier. Ainsi la scène est rendue intéressante par un événement touchant, et le paysage est embelli par les figures les plus propres à faire de l'effet. Il est au Louvre. (*Voy.* p. 26.)

2. *Mort de Phocion.* — Le sujet de ce tableau est détaillé dans le Dialogue entre Poussin et Parrhasius; il appartenait à del Pozzo, et se trouve maintenant en France.

3. Autre tableau nommé *le Tombeau de Phocion.* — Presque au milieu du tableau est un beau

temple au pied d'un rocher escarpé ; derrière
paraît une ville avec des bâtimens de toute espèce, entremêlés de jardins. Un large chemin
conduit de là à une tombe d'une architecture
simple, et qui paraît bâtie sur une place publique ;
car l'on aperçoit des figures qui tirent de l'arc
et s'exercent de diverses manières ; une figure
s'avance vers un bosquet situé au premier plan,
et que traverse un chemin ; dans ce bosquet
quelques figures sont placées dans diverses positions ; la lumière principale est sur le temple,
le chemin, la place ; et la tombe se trouve ainsi
au centre de cette lumière. On a souvent repro-
ché avec justice au Poussin de manquer d'attention dans la disposition de ses tableaux historiques ; mais on ne peut reprocher le même défaut
à ses paysages.

4. *Les Effets de la Peur.* — Voyez pour la
description le Dialogue entre le Poussin et Léonard de Vinci. Ce tableau fut peint pour M. del
Pozzo.

5. *Désert habité par des Cénobites.* — C'est
une belle scène dont il semble que le peintre a
trouvé le modèle dans les Apennins. Une vallée
profonde, entourée d'un mur de rochers escar-
pés, sert de retraite à quelques ermites, que
l'âge rend propres à une vie solitaire et contem-

plative. De distance en distance les rochers s'en-tr'ouvrent et laissent apercevoir un lointain vague au-dessous des nuages qui obscurcissent les montagnes.

6. *Pyrame et Thisbé.* — Ce beau paysage est tiré des alentours de Rome et du Tibre ; un violent orage abat les arbres, et force tous les passans à chercher un abri : sur une langue de terre qui avance dans la rivière, des bœufs résistent à l'ouragan en joignant leurs têtes ; plus près du premier plan, quelques bœufs suivis de leurs conducteurs à cheval, comme c'est la coutume près de Rome, sont attaqués par un lion qui s'est élancé sur un cheval, et qui a fait tomber le cavalier ; sur le devant, Thisbé découvre son amant expirant au moment où elle venait chercher près de lui un refuge contre l'orage et le lion.

7. *Diogène jetant sa tasse en voyant un jeune homme boire dans sa main.* — D'un côté le paysage est la vue exacte du Vatican et des bords du Tibre ; l'autre côté n'est point inférieur à ces beaux modèles, et le tout est du meilleur style de composition. Il est au Louvre, et on le considère comme un des meilleurs ouvrages du Poussin.

8. *Polyphème sur un rocher joue de la flûte*

à des bergers siciliens, qui se livrent dans la plaine à des travaux champêtres, tandis que d'autres prennent leur repas rustique. — Sur le devant, des Nymphes couronnées de roseaux sortent du bain, et écoutent le géant.

9. *Arcas et Calisto.* — Calisto, sous la forme d'une ourse, est poursuivie dans les bois par son fils. Jupiter paraît dans les nuages, et y reçoit Calisto et Arcas ; ils sont changés tous deux en constellations. Ce tableau est à lord Gresvenor.

10. *Mercure endormant Argus avec sa flûte, afin de délivrer Io changée en vache.*

11. *Naissance d'Adonis.* — On dit que le paysage est de Swanveldt, et que les figures seulement sont du Poussin ; les Nymphes sont agenouillées autour de Myrrha, changée en arbre, et reçoivent l'enfant. Il est au palais Doria.

12. *Un beau paysage.* — Actuellement à Dulwich. Le sujet est un chemin tout droit ; d'un côté, on voit une église ; et de l'autre, de beaux arbres ; au loin des collines, et sur le devant un réservoir, où un homme puise de l'eau. Vis-à-vis, un homme et une femme assis semblent causer ensemble. C'est à la simplicité du sujet qu'est due peut-être la grandeur de ce

tableau. Le coloris et la manière sont dans le, meilleur genre du Poussin.

13. *Paysage pour servir de pendant au pré-cédent.*

14. Tableau rond qui semble fait d'après une étude du Vatican. Le Poussin a introduit le même sujet dans le paysage de *Diogène.*

15. *Beau paysage.* — Sur le devant, des rui-nes et des arbres; dans le fond, une ville, des montagnes et une baie. On remarque dans ce paysage, saint Jean qui écrit, et l'aigle auprès de lui; peut-être le peintre a-t-il voulu repré-senter Patmos.

16. *Un Orage.* — Une branche d'un gros arbre est tombée sur des bœufs qui traînent un fourgon; les bestiaux et le conducteur sont ren-versés; d'autres figures courent vers les maisons pour chercher un abri.

17. *Charmant paysage.* — Sur le premier plan, deux femmes sont près d'un ruisseau; l'une d'elles se baigne les pieds.

18. *Deux Nymphes suivent des yeux un ser-pent qui s'éloigne.*

19. *Paysage.* — Une fontaine d'un côté, de l'autre un homme assis vis-à-vis de deux femmes

au pied d'un monument ; les arbres sont superbes. Il existe un autre paysage du Poussin qui
diffère peu de celui-là.

20. On pourrait appeler ce sujet *les Voya-*
geurs, vu le grand nombre de personnes qui
s'acheminent vers une ville ; l'un d'eux semble
demander la route à un passant, et ce dernier la
lui indiquer.

21. Peint pour le commandeur del Pozzo ;
on y voit une femme tenant la tête appuyée sur
sa main, et un enfant endormi près d'elle.

22. Paysage appartenant à Samuel Rogers
Esq. Le coloris en est d'une fraîcheur remarquable. La scène rappelle le voisinage de Grotto-
Ferrata. Ce sont les mêmes montagnes, un beau
lointain, des arbres vénérables, et un ruisseau
serpentant à leurs pieds. Le devant, riche en
verdure de toute espèce, est peint avec soin ;
deux figures, un homme et une femme, sont
assis à l'ombre.

23. *Charmant paysage.* — Il n'y a qu'une
seule figure ; c'est une jeune femme, vêtue avec
grâce, et portant un panier sur sa tête.

24. *Paysage avec des fragmens de statues,*
bas-reliefs antiques, etc. etc.

Il y a un grand nombre de paysages attribués au Poussin ; ceux dont nous avons fait mention sont les meilleurs.

PORTRAITS.

1. *Le sien.* — Peint pour M. de Chantelou. Il s'est représenté dans son atelier, entouré de cadres et de tableaux.

2. *Le même,* presque semblable au précédens; il y a cependant assez de variété dans les accessoires pour qu'on puisse les distinguer.

3. *Le même.* — Un crayon à la main.

4. *Portrait d'un membre de la famille Rospigliosi.*

DESSINS POUR DES FRONTISPICES, FAITS PENDANT QUE LE POUSSIN ÉTAIT A PARIS.

1. *Pour la Bible de Sixte* v. — L'Éternel domine ; une Révélation ailée écrit dans un livre qu'elle tient sur ses genoux; la Foi voilée tient un sphinx.

2. *Pour le Virgile imprimé à Paris en* 1642. —Apollon couronne le poète, qui s'appuye contre un laurier; un génie tient des tablettes, et un autre une musette.

3. *Pour l'Horace de la même date.* — Une

Muse, tenant une lyre, met un masque sur le visage du peintre; un Génie le couronne; deux lauriers ombragent ces figures.

Trente-deux Dessins pour accompagner l'*Art de la peinture*, par Léonard de Vinci.

Il existe de nombreux dessins et des études du Poussin, en Angleterre, en France et en Italie. Plusieurs ont été gravés; et comme le principal mérite de cet artiste est dans la composition, les graveurs ont trouvé un grand avantage à publier ses tableaux les plus connus, parce qu'ils perdent moins à la gravure que ceux d'autres maîtres.

FIN.

La Trinité du Mont

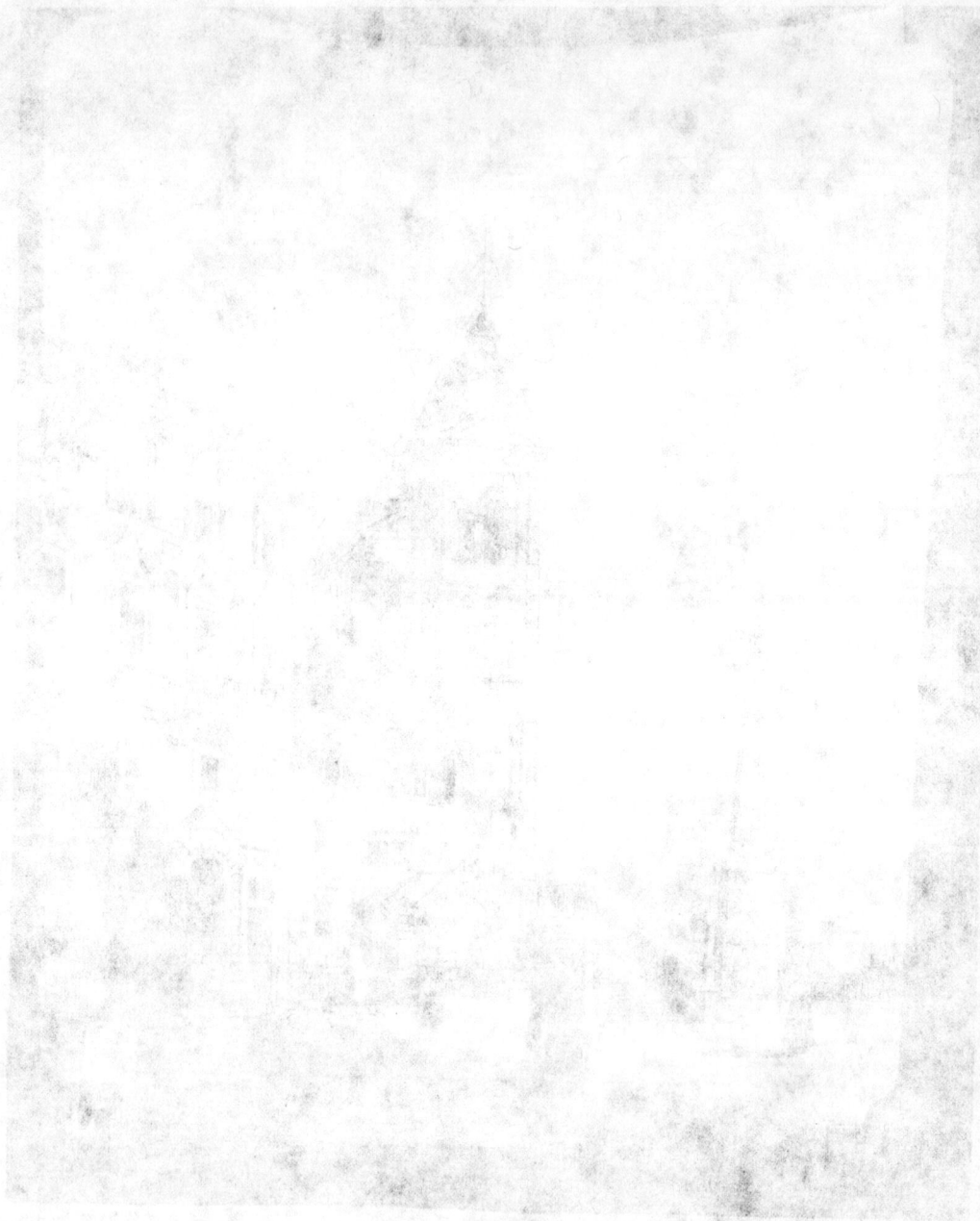

www.ingramcontent.com/pod-product-compliance
Lightning Source LLC
Chambersburg PA
CBHW062223270326
41930CB00009B/1841